定番教材でできる 問題解決的な道徳授業 [小学校]

柳沼良太
山田　誠
星　直樹
［編著］

図書文化

は じ め に

　平成30年度から全国の小学校において，道徳科の授業が始まる。平成29年度は，道徳科の授業に向けて入念な準備が行われることと思われる。
　この道徳科において中心となる指導方法は，問題解決的な学習である。新学習指導要領の「第3章　特別の教科　道徳」の「第3　指導計画の作成と内容の取扱い」の2に，次のような記述がある。

> (5) 児童の発達の段階や特性等を考慮し，指導のねらいに即して，問題解決的な学習，道徳的行為に関する体験的な学習等を適切に取り入れるなど，指導方法を工夫すること。 ………

　社会科，算数，理科など，他教科では当たり前の指導方法である問題解決的な学習も，道徳科の授業においては，今までタブー視されてきたのであまり実践事例がない。多くの先生方は，問題解決的な道徳授業をどのように展開すればよいのかわからないのが現状である。
　検定教科書は読み物教材がほとんどであり，内容的には今までの副読本とあまり変わりはない。ただ，指導方法が大きく変わるわけである。今まで副読本に掲載されていた読み物教材は，場面ごとに登場人物の気持ちを考える心情理解の指導方法が用いられることがほとんどであった。しかし，平成30年度に配布される検定教科書に掲載されている教材は，問題解決的な学習として授業を展開しなければならない。これが現在多くの先生方が疑問に思い，悩んでいることである。
　この先生方の疑問や悩みに応えるために，本書が刊行されることになった。本書で取り上げた教材は，長年にわたり数社の副読本に掲載されてきた教材であり，平成30年度に全国の小学校で使用される道徳科の教科書にも掲載されることが予想される。本書を読めば，道徳科の検定教科書を使って問題解決的な学習を進めていくための知見を得ることができる。
　例えば，本書で取り上げた教材に「フィンガーボール」がある。これはある国の女王が，夕食のパーティーで緊張のあまり間違えてフィンガーボ

ールの水を飲んでしまった客に対して，その間違いを指摘せず，その客の気持ちを考えて，わざと自分もフィンガーボールの水を飲んだという話である。これは実際にあった話で，この女王は英国の女王で，客は発展途上国から英国に招かれた客だそうである。

　従来の指導方法だと，中心発問は「女王は，どんな気持ちでフィンガーボールの水を飲んだのでしょう」となり，それに対する子どもの答えは，「お客様に恥をかかせたくない」となる。これは確かに間違いではないが，このように誰が考えても同じ答えが返ってくるような授業展開では，せっかくのよい教材が，子どもの成長に生かされない。

　本書に掲載されている実践事例では，女王の気持ちを考えさせる代わりに「もし自分が女王だったらどうするか」と発問している。このように問いかけられた子どもたちは，「お客様に恥をかかせないために，お客様と同じようにフィンガーボールの水を飲む」と「礼儀作法に反することはよくないから，正しい作法をお客様に教える」という2つの立場に分かれて活発な話し合いを展開している。このような道徳授業は，「考え，議論する道徳」という道徳科の主旨に合っている。

　さらに，「フィンガーボールの水を飲むこと以外によい方法はなかっただろうか」と発問すると，「食事の前に，お客様にフィンガーボールの使い方を教える」「食事の前にテーブルマナーが書いてある紙を配る」などの意見が出された。このような意見は従来だと，方法論であり，道徳の時間に考えさせることではないと批判されてきた。しかし，これからの道徳科においては，子どもたちの実生活に生きて働く道徳授業という意味で，このような意見も大切にするべきである。

　後半は具体的な授業をもとに述べたが，私たちの願いは，一人でも多くの先生方に本書を手にしていただき，全国各地の小学校で子どもたちが活発に「考え，議論する」問題解決的な道徳授業が展開されることである。

　平成29年7月

編者記す

定番教材でできる問題解決的な道徳授業

目　次

はじめに

理論編

定番教材で問題解決的な道徳授業 ……………………… 8

1　定番教材で問題解決的な授業に挑戦！　8
2　「主体的・対話的で深い学び」に対応した道徳授業　10

授業の質を上げる問題解決的な学習の実践 ………… 18

1　道徳科の授業における学び　18
2　主体的な学習を生み出す学習問題の設定　19
3　問題解決的な学習と資料の選択・分析　19
4　学習問題の共有化　20
5　問題解決のプロセスと教師の役割　22

コラム
- 道徳的問題を抽出・分析するポイントと解決するためのポイントとは？　28
- 解決策を吟味するよう促す発問として、実際にはどんなものがあるか？　28

実践編

問題解決的な授業と心情理解中心の授業との対比 …30

- ① はしの上のおおかみ 低学年　30
- ② ぐみの木と小鳥 低学年　40

問題解決的な授業 …50

- ① 二わの小とり 低学年　50
- ② ろばを売りに行く親子 低学年　58
- ③ きんいろのクレヨン 低学年　64
- ④ ないた赤おに 中学年　70
- ⑤ まどガラスと魚 中学年　78
- ⑥ フィンガーボール 中学年　86
- ⑦ 心の信号機 中学年　94
- ⑧ 金色の魚 中学年　102
- ⑨ ブラッドレーのせいきゅう書 中学年　108
- ⑩ すれちがい 高学年　114
- ⑪ ロレンゾの友だち 高学年　122
- ⑫ うばわれた自由 高学年　130
- ⑬ 手品師 高学年　138
- ⑭ 最後の一葉 高学年　144
- ⑮ 星野君の二るい打 高学年　150

資料：ワークシート …157

定番教材でできる
問題解決的な道徳授業

理論編

定番教材で問題解決的な道徳授業

授業の質を上げる問題解決的な学習の実践

定番教材で問題解決的な道徳授業

柳沼　良太

① 定番教材で問題解決的な学習に挑戦！

(1) 道徳の授業が変わる

　道徳が「特別の教科」となり，各教科等に先がけて，「主体的・対話的で深い学び」を取り入れ，「考え，議論する道徳」へと質的転換をすることが求められている。そこでは，答えが１つではない道徳的問題を，子どもたちが主体的に考え判断し，協働して議論していく学習をいかに展開していくかが鍵になる。

　初めて使用される道徳科の検定教科書でも，これまでの副読本でおなじみの定番教材が数多く掲載されている。しかし，こうした定番教材を用いた授業の多くは，登場人物の心情理解に内容が偏りがちで，展開も画一的なものになりがちだと批判を受けることが多かった。そこで今後は，いかにしてこれを問題解決的な学習に転換していくかが喫緊の課題となる。

　定番教材は長く読み継がれてきただけあって，子どもを引きつける魅力や意義深い道徳的問題を有しているものが多く，問題解決的な学習にも十分に活用できる。教材に含まれる道徳的問題を見いだし，それを解決する学習を行うために，どのような創意工夫が求められるかを考えていきたい。

(2) ひとつ上をゆく問題解決的な道徳授業

　さらに本書では，「ひとつ上をゆく問題解決的な道徳授業」を提案することをめざしている。一般に道徳科の問題解決的な学習というと，道徳的問題について，主人公の立場に立って「どうしたらよいか」を話し合わせればいいと安直に考えられることが多い。しかし，子どもたちに道徳的な問題をただ考えさせ，話し合わせるだけでは，考えに深まりや広がりがなかったり，間違った（不道徳な）結論にたどり着いたりすることもある。

　子どもたちが道徳的問題を自分のこととして捉え，それについて多面

的・多角的に考え，物事の見方・考え方を広めたり深めたりするためには，教師が適切な働きかけを行うことが必要になる。それを実現する授業が，本書で提案したい「ひとつ上をゆく道徳授業」のイメージである。

(3) 定番教材を使う際の留意点

定番教材を使った授業で気をつけなければならないことがいくつかある。

まず，定番教材は特定の道徳的価値を教える目的で作成されていることが多く，物語を最後まで読むと，ねらいとする道徳的価値が子どもたちに簡単にわかってしまう場合が多い。また，物語の結末があまりに模範的で道徳的だと，子どもたちは深く考えることなく，ただそれに同調してしまい，常識的な意見しか言わなくなることである。

このように，教材によって子どもの思考や話し合いが狭められると思われる場合には，授業では物語を最後まで提示せず，ケース・スタディを扱うように結末を子どもたちと考え議論することが有意義である。この場合，教材の後半（結末）をあとで提示するかどうかは，授業のねらいによって決めればよい。

ここで，物語の結末（主人公の判断）だけが模範解答ではないことを，子どもたちに知らせておくことも大切なことである。主人公の考えに共感（同調）する読み方だけでなく，主人公の考えに疑問をもつ批判的な読み方や，新しいアイデアを提案する創造的な読み方など，多様な読み方ができることを子どもたちと共通理解しておく。

次に気をつけたいのは，問題解決的な学習の最後に，登場人物の心情理解に戻り，ねらいとする道徳的価値を子どもに押しつけてしまうことである。例えば，授業の前半では，登場人物の立場で「どうすればよいか」を考えたにもかかわらず，模範例のようにあとから登場人物の結論を示し，「主人公はどのような気持ちでこうしたのか」「主人公の行為を支えたものは何か」と，ねらいとする道徳的価値に強引に結びつけてしまうような展開も多い。

問題解決的な学習では，答えがない（あるいは１つではない）問題に対

して，子どもたちが主体的に考え判断し，互いに納得し合える解決策を協働して創り上げるところに醍醐味がある。問題を多面的・多角的に検討し，自己の生き方についての考えを深め，将来同じような問題に直面したときにどうすればよいかを判断できるようにすることがねらいである。それゆえ，登場人物の判断にばかりこだわらないことは，大切なことである。

例えば，『**二わの小とり**』なら，主人公のように，こっそり自分だけやまがらの家に行くことだけが，よい選択なのだろうか。『**ないた赤おに**』なら，青鬼が人間に暴力をふるい，それを赤鬼が暴力で止めるほかに，やり方はなかったのだろうか。『**フィンガーボール**』なら，ボールの水をお客様と一緒に飲み干すことは正しいマナー（礼儀）ではないから，できればマナーも守れる方法はなかったのだろうか。『**手品師**』であれば，少年との約束を守ることで，手品師が失ったものはないのだろうか。『**ロレンゾの友だち**』なら，たとえ罪を犯していた場合でも，昔の友人を無条件に信用するのはよいことなのだろうか。

このように，おなじみの定番教材でも，現実的な問題として真剣に考えると，登場人物の言動には奇妙で不可解な点が多々ある。それゆえ，こうした登場人物の言動を，子どもたちが日常生活でそのまま見ならうわけにはいかなくなる。問題解決の授業では，子どもがさまざまな道徳的問題に真摯に向き合い，登場人物の立場に立ちながら，さらなる最善解を求め，「どうしたらよいか（よかったか）」を主体的に考え議論し，「自分の生き方」や「人間としての生き方」を吟味することが大切になる。

今後，社会がますます高度にグローバル化・情報化して価値観が多様化するなかで，複雑で多様な道徳的問題状況に対応できる実践的な資質・能力としての道徳性を，子どもたちが身につけられるようにしたい。

②「主体的・対話的で深い学び」に対応した道徳授業

(1) 道徳科の「主体的・対話的で深い学び」とは

小学校における道徳科の目標は，「道徳的諸価値についての理解を基に，自己を見つめ，物事を多面的・多角的に考え，自己の生き方について

の考えを深める学習を通して，道徳的な判断力，心情，実践意欲と態度を育てる」ことである（小学校学習指導要領（平成27年3月一部改正））。こうした目標を達成するために，学習指導要領に掲げられた「主体的・対話的で深い学び（アクティブ・ラーニング）」と関連づけながら，定番教材を使った問題解決的な道徳授業のあり方を以下で詳しく検討してみよう。

(2) 問題解決を通した主体的な学び

　子どもたちが教材から問題を見いだし，「ここでは何が問題になっているか」「主人公は何に悩んでいるのか」「どの考え方とどの考え方が対立しているのか」「なぜこうした問題が生じたのか」などと，主体的に考えることができるかどうかは，子どもたちの興味・関心のあるテーマを設定し，切実に考えたくなるように道徳的問題を提示できるかどうかにかかっている。

　また，子どもたちが道徳的問題を自分自身とのかかわりで捉え，自己の生き方につなげて考えるためには，「主人公の立場だったら自分も困ってしまうな」「主人公はどうしたらよいだろう」「自分ならこの場面でどうするだろう」というように，子どもが主体的な立場で考えられるようにすることが大切である。傍観者の立場で抽象的な理想論や一般論を述べるだけでなく，当事者の立場で具体的な方法論まで責任もって子どもが意見を提示できるようにしたい。

　このとき，これまでに学んできた知識や経験（成功談や失敗談）と問題を関連づけると，子どもはより主体的に考えることができるようになる。主体的に考えるのは，「登場人物がどう考えたか，どう生きたか」を追認するより，「自分がどう考えたか，どう生きるか」を見つめ，今後の人生にも生かそうとするときである。それを，毎回の道徳授業とつなげていけるようにするのである。

(3) 問題解決を通した対話的な学び

　対話的な学びを促進するには，授業の展開を工夫して，子どもたちが対話しながら，道徳的問題について学び，考え，議論する授業を構成する。

個人の主体的（主観的）な考えや判断は，狭小な見方・考え方に縛られることがあるが，さまざまな人々と意見を交流し，多面的・多角的に考え，相互に広く理解し合うことによって，道徳性の成長を促すことができる。
　以下に，交流の例をあげる。
①**子ども同士の対話的な学び**
　子ども同士がペアや4人グループになって，「あなたはこう考えるが，私はこう考える」「私はあなたの意見とここが同じで，ここが違う」など，自由で率直な意見の比較検討を行う。まず1人で主体的に考え判断するところから，ペアやグループでの対話を経て，学級全体での話し合いへと移行することで，より多面的・多角的に考える機会とすることができる。
②**教師や地域の人々，保護者との対話による学び**
　身近にいる大人や社会人（保護者や地域の人々）にも話し合いに参加してもらい，豊かな人生経験に基づき交流してもらうことも有意義である。
　例えば『**手品師**』を用いた授業に参加したある保護者は，「自分の夢を簡単に諦めてはいけない」と発言し，子どもたちに新たな視点を与えてくれた。また『**星野君の二るい打**』を用いた授業では，「グローバル化する現代では，ただ監督に従うだけではいけない」という地域の方からの発言で，議論が大いに盛り上がった。このように，さまざまな立場の大人から多様な意見や知恵が提示されると，道徳的問題を子どもたちがさらに多面的・多角的に考えるきっかけになる。
③**教材の登場人物，あるいは偉人・先人との対話による学び**
　物語の登場人物になったつもりで，主人公などと対話することも可能である。例えば『**金色の魚**』の授業では，「おじいさんに何と言ってあげたいか」という発問に，「おばあさんに注意してあげたほうがいいよ」「欲張りすぎたらよくない」などと，子どもがアドバイスをする姿が見られる。また，『**すれちがい**』では，よし子とえり子の事情を理解したうえで，「仲直りするためにはどうすればよいか」をそれぞれに助言する様子が見られる。
④**自分自身との対話による学び**
　自己との対話では，「現在の自分」だけでなく，「過去の自分」や「将来

の自分」と対話することもできる。例えば，ワークシートに「これまでの自分はどのような生き方をしてきたか」「今日の学習を終えて，これからどのように生きたいか」「今後どんなことを道徳で学びたいか」などを書くことで，自分と向き合い，生き方を見つめ直す機会とすることもできる。

このように，さまざまな他者と交流し，互いの意見を尊重し合い，豊かな人間関係の中で多面的・多角的に考え議論することは，子どもたちの道徳性をはぐくむうえでも貴重な経験となる。

(4) 問題解決を通した深い学び

深い学びを促進するためは，これまでに学び習得した概念（道徳的価値や技能）を活用した見方・考え方を，道徳的問題の解決に応用・汎用していく。教材における登場人物の考え方や行為をただ追認するのではなく、自分が過去に学び習得した道徳的な見方・考え方や将来的な見通しや願望を踏まえて，何が問題かを考え，問題解決していくのである。

①学びを深める学習問題

そのためには，教材の中に含まれる道徳的問題をよく分析することがまず大事になる。たいていの場合は，何か１つの問題状況にあるわけではなく，葛藤・対立を含んだ複雑な問題状況であることが多い。教材研究を行い，教材に含まれる「問題点は何か」「問題の原因は何か」を教師はしっかり見極めておく必要がある。

以下は，教材に含まれる問題の例である。

・道徳的価値が実現されていない状況：例えば，『**きんいろのクレヨン**』や『**まどガラスと魚**』では，主人公の行動に正直さや誠実さが欠けている。
・道徳的価値の理解が不十分または誤解した状況：例えば，『**うばわれた自由**』で，ジェラール王子は自由の意味を誤解している。『**ろばを売りに行く親子**』や『**金色の魚**』の登場人物は，節度・節制が不十分な状況にある。
・道徳的価値を実現しようとする自分とそうできない自分から生じた問題状況：例えば，『**心の信号機**』では，男の人に声をかけたい気持ちと，そ

れをためらう気持ちの葛藤がある。『**ぐみの木と小鳥**』では、リスのもとへ行きたいが、簡単にはできない危険がある。
・複数の道徳的価値の対立から生じた問題状況：例えば、『**手品師**』では、約束した少年のところに行くか、友人の誘いにのって大舞台に行くか。

②学びを深める子どもへの問い

　道徳的問題をいかに解決すべきか、子ども自身が多面的・多角的に考え、自己の生き方にかかわる問題としていくために、教師はさまざまな問いを用意しておくことが必要である。

　一般的には「なぜそう思うか」と理由をたずねることが多いが、そこから一歩踏み込んで、「この解決策はどのような結果をもたらすか」とたずね、因果関係についてもじっくり考えられるようにする。また、「自分の経験と関連づけてどう思うか」とたずねることで、子どもが自分の過去の経験と関連づけて考えられるようにする。ただし、過去の言動にこだわりすぎると、以前の自分はこうだったと子どもが低次の道徳的判断をする場合がある。その場合は、「本当はどうしたかったか」「理想の自分ならどうするか」とたずねることで、前向きな肯定的な意見を引き出すことができる。

③日常生活や生き方と関連づけて学びを深める

　「自己の生き方」や「人間としての生き方」として道徳的問題を探究することも、深い学びにつながっていく。個々の教材に含まれる特殊な状況を行動面で解決し、ただ「こうすべき」と断言するだけでなく、現実の自らの生き方全体に関連づけて、「自分はどう生きたいか」「人間としてどう生きるべきか」を考えるように促していく。

　問題解決を通して、これまでの自分の見方・考え方をじっくり見つめ直すとともに、今後のよりよきあり方を展望する機会とするのである。

(5)　問題解決を深める発問の仕方

　問題解決学習を「深い学び」につなげる方法として、いくつかの道徳的原理・原則に照らし合わせて以下のような発問を行い、子どもたちと多様な解決策を比較検討してもよい。

①可逆性の原理で、「自分がそうされてもよいか」とたずね、相手（他者）の立場や考えを理解する。例えば、『きんいろのクレヨン』では、解決策について相手（被害者）の立場から吟味する。『ブラッドレーのせいきゅう書』なら、主人公の立場で考えるだけでなく、お母さんがいつも家族に無償で貢献していることに想いが至るようにする。

②普遍性の原理で、「いつでも、どこでも、誰にでもそうできるか」をたずね、問題の前提条件を入れ替えて再検討する。例えば、『二わの小とり』なら、「やまがらの家が遠い場合でもそうするのか」「うぐいすたちから止められてもそうするのか」などをたずねて揺さぶる。

③互恵性の原理で、「みんながそれで幸せになれるか（納得できるか）」とたずね、関係者全員の利害関係について考える。問題解決的な学習では、モラル・ジレンマ授業の手法のように「あれかこれか」の二者択一を迫るのではなく、関係者全員が幸福になれる第3の解決策を柔軟に考える。例えば、『はしの上のおおかみ』では、強者のおおかみだけでなく、弱者のうさぎたちも一緒に幸せになれるやり方はないかを考える。『ないた赤おに』なら、「人も鬼もみんなが仲よく生活するためにはどうすればよいか」を考える。『手品師』なら、「少年を悲しませず、大舞台にも行ける方法はないか」を検討してもよい。みんなが幸せになれる、納得できる解を創り上げることをめざして議論することが大事になる。

こうした発問で学習を深めていくと、表面的には問題が解決したかのように思えても、また新たな問題が現れて、納得解を探究し続ける展開になる。例えば、いじめをなくすためには人を思いやる心が大事だという結論のあとに、実際にいじめを止めるためには勇気をもって正義を貫く行動も必要だと話し合われる。こうした「深めの発問」を適宜行っていくことで、自己の生き方や実際の行動と関連した実効性の高い学習が可能になる。

(6) 問題解決的な学習で育てる資質・能力の柱

最後に、学習指導要領では、子どもたちに「育成すべき資質能力」として3つの柱があげられている。そこで、定番教材を使ったひとつ上をゆく

問題解決的な道徳授業を,「育成すべき資質・能力」の３つの柱と関連づけて検討したい。

①生きて働く知識・技能の習得

　道徳科で習得すべき知識・技能として,学習指導要領に「内容項目」が示されている。子どもの発達段階に合わせて,各学年でどのくらいの道徳的諸価値を理解しているかを把握することが大事である。

　道徳的諸価値（例：思いやりや正義）は,単なる言葉として抽象的に理解していればよいということではなく,現実生活で「生きて働く知識・技能」として習得する必要がある。例えば,**『うばわれた自由』**の授業で,「自由」とは何かを辞書で調べて理解しても,それは十分ではない。具体的な問題状況を思い浮かべながら,「自由とは何か」「自由なら何をしてもよいのか」「自由に行動をするためには,どんなことに注意すればよいか」まで踏み込んで考えて理解することが必要である。

　道徳的諸価値を知識や技能として理解するためには,道徳上のエピソードや統計データ,先人や偉人たちの名言・格言を紹介することも有効である。例えば,福澤諭吉の有名な言葉で「自由とわがままとの界(さかい)は他人のさまたげをなすとなさざるとの間にあり」を紹介する。

②思考力・判断力・表現力の育成

　道徳科では,「自己の生き方」「人間としての生き方」について思考する力,判断する力,表現する力を育成することが求められている。特にこれから求められる資質・能力としては,①答えのない問題にも納得し合える最善解を導き出す力,②分野横断的で全体を俯瞰する力,③習得した知識や技能を別の場面でも汎用できる力,などが重視される。

　教材に提示された道徳的問題を子どもたちの日常の話題と関連づけることで,深く考え,思考する力,判断する力,表現する力を豊かに育成していく。例えば,**『ないた赤おに』**や**『ロレンゾの友だち』**で学んだ教訓から,実際に自分が直面する場面で,どのように友達に思いやりや友情を示すことができるのかを考えてみる。**『最後の一葉』**には,それほど葛藤した問題状況が示されていないが,物語から教訓を得て,これから人間とし

て自分はどう生きたらよいか，どんな大人になりたいかを熟慮することに役立つだろう。

③学ぶ意欲・人間性などの育成

「学ぶ意欲」を高め，「人間性」を育成することは，道徳科においてもとても大事になる。道徳科で学んだ教訓を，自分にとってためになる（有意義である）と子どもたちが実感し，もっと学びたい（探究したい）という意識が高まるように，授業を創意工夫することが欠かせない。

道徳科における子どもたちに育てたい「人間性」とは，道徳性を核とした「人間としてよりよく生きようとする性向」である。こうした人間性にかかわる資質・能力を育成するためには，道徳的問題について納得できるまで考え議論し，そこで習得した道徳的な見方・考え方を日常生活で実践し，さらに習慣化していくことで，人格形成に役立てることが必要である。それが自らの人生を省み，自己実現を図るとともに，社会や世界の維持・発展に貢献しようとする意欲を高めることにつながっていくからである。

(7) 定番教材こそ問題解決的な授業

このように，道徳の定番教材は，決まりきった答え（道徳的価値）を押しつけるような展開だと画一的で退屈な授業になりがちだが，子どもが自ら問題を解決する展開にすると，彩り豊かで興味深い授業になる。そこでは，子どもたちが道徳的問題を多面的・多角的に捉え，主体的・批判的・創造的に考え議論することで，よりよく生きるための資質・能力を身につけることが可能になる。

本書に収められた指導案や実践報告は，柳沼（筆者）の理論をもとに，編著者である山田誠と星直樹を中心とする実力派の先生方が創意工夫して作成した事例である。理論的ベースは一緒でも，授業実践レベルでは実に多種多様でユニークな展開になっている。本書を参考にして，読者の方々もぜひ，「ひとつ上をゆく問題解決的な道徳授業」に挑戦していただきたい。

授業の質を上げる問題解決的な学習の実践

星　直樹

① 道徳科の授業における学び

　道徳科が他教科と大きく異なるのは，教師の教える内容が未知の新しい知識や技能ではなく，またそれを習得する学習でもないという点である。
　国語科では「漢字には，音読みと訓読みがあること」であったり，算数科では「二等辺三角形や正三角形の意味や性質を知ること」であるなど，学ぶべき内容が明確にあり，それは未知の新しい知識・技能であることが多い。しかし，道徳で学ぶことは道徳的価値だけではないし，それがまったく新しい知識ということでもない。例えば道徳では「相手のことを思いやり，すすんで親切にしよう」（親切・思いやり）などとねらいが設定されるが，人への思いやりの大切さは低学年でも日常において知っている。
　では，道徳で何を学ぶのか。それは，道徳的価値への「気づき」，道徳的価値への「自覚」を手がかりとして，資質・能力としての道徳性を育てることである。道徳的価値を，どの子も頭ではわかっている。しかし，理解しているからといって，考えや言動に表れているかといえば，そうとは限らない。だから道徳科の授業では，すでに知っている道徳的価値をもう一度見つめなおし，今の自分に照らし合わせることで，知っている価値内容を自分の言葉で，自分の行いで考え直し，生きるうえでの内面の指針へとつくり変えていくのである。このための学びの場が道徳科の授業である。
　ここで大切なのが「自分」という視点である。道徳科の学びを自分の学びとするためには，主体的に学び，自らに問いかける姿勢が鍵となる。そこで，「自分ならどう考えるのか？」と問いかける場の設定が必要となる。
　問題解決的な学習でも，この自らへの問いが，学びの出発点となる。友達と知恵を出し合いながら，「自分にとって本当に大事な価値は何か？」「どのように振る舞うことが相手やみんなにとってよいのか？」と問いかけ議論することで，自分をより高めていく「学び」が成立するのである。

理論編

②　主体的な学習を生み出す学習問題の設定

　授業のはじめは，子どもと「教材との出合い」の場面である。教材と出合ったとき，子どもはいろいろな言葉をつぶやく。「えっ」「ホントに？」「そうかな？」「どうしよう？」などの声は，すべて思考が動き始めたことを表している。これらの言葉を授業のはじめにどう引き出すのか？
　ここに，主体的な学びを創る教師の工夫が求められる。
　例えば，不注意から人の物を壊してしまったとき！
　多くの子は，「過ちは素直に謝る」ことを知っているので，「謝らなきゃ」と思う。そのとき，「ぼくは謝らない」という意見が出てきたら，どうするだろう。きっと子どもたちは「えっ」とつぶやく。
　あるいは，誕生会に誘われて「行く」と約束した子が，その日に習い事があることを思い出したら？
　「どちらに行けばよいのか」と迷いが生じ，「どうしたらいいのか」と悩み始めるだろう。
　いずれも，自分の想定外のこと（ズレ）が起こったことから生まれた問題意識である。こういうときに，子どもは「あれっ？」とか「本当に？」などとつぶやく。教師は，この考え始めの瞬間，語り始めの瞬間を逃さず捉え，1人のつぶやきをみんなのものとして共有することで，授業の学習問題がつくられる。
　このような知的なズレを意識できる場を授業に設定できれば，子どもたちは自ら学習問題を見いだし，その疑問から解決へと動き出す。この主体性が生まれる瞬間こそが，問題解決的な学習のいちばんの魅力であろう。

③　問題解決的な学習と資料の選択・分析

　問題解決的な学習を計画する際には，資料の選定が大きな意味をもつ。道徳教材には，葛藤資料，共感資料，範例資料などさまざまな形式があり，1つの教材でも「この人の生き方ををどう思うか」「社会的にある問題をどうするのか」「正義とは何か」など問題の立て方は幾通りも考えら

れるが，授業で大切なのは，教材から立てた問題と子どもとの距離である。
　問題は教師から与えることもあれば，教材との出合いの中で，子ども自ら「これを考えたい」と問題を見つけることもあるだろう。それ自体は1つの手法であり，どちらがよいということではない。肝心なのは，教材のもつ学習問題が，子どもにとって考える価値をもつか否かという点である。
　「よき友人をつくるために」「正直でありたい自分に素直であるために」「正しいことを『正しい』と言える自分をつくるために」などは，子どもにとって学ぶ価値のある切実な問題である。このようなことを考える必要を感じる問題が含まれているかどうかが，資料選定の第一条件となる。
　資料が選べたら，教材の中にある大小さまざまな問題の中から，中心をどこに置くかを決定する。「どのような考えが対立しているか？」「どんな道徳的価値が含まれているか？」を分析していく過程が資料分析である。
　資料分析では，まず，物語をいくつかの場面に分け，小見出しをつけると出来事の変化がわかりやすい。これらの出来事に合わせて，主人公の気持ちの変化を読み取る。その際，気持ちを端的に表す言葉をキーワードとして位置づけたり，吹き出しで心情を書き込んだりするとよい。そして，登場人物の心の変化から，「なぜ変わったのか」を中心に，その教材がもつ学習問題や子どもたちへの発問の仕方を考えていく。
　参考までに，著者が行った『まどガラスと魚』の資料分析を載せておく（P26・27図参照）。

④ 学習問題の共有化

　教師が資料分析によって学習問題を設定することは，実はたいして難しくはない。重要なのは，授業で子どもたちが問題を共有できるかである。
　葛藤資料やジレンマ資料では，資料の中に考える問題が鮮明に示されているので，教師から問題を提示されれば，数名の子はそれに反応し考え，答えようとするだろう。しかしそれでは，問題は教師や数名の子どもたちだけのもので終わってしまい，その他の大勢の子どもたちは，関心が持てず理解もできないから，多くは沈黙しているにすぎない。教師や数名の子

理論編

どもから発せられる問いが,ほかの大勢の子どもたちに波紋のように広がり,共有されてこそ学習問題になるのである。

問題解決的な学習においては,問題の設定以上に,この「問題の共有」化こそが,授業づくりの要である。だからこそ教師は,授業で学習問題を設定するときに,反応し発言する子だけに注視するのではなく,その他の聞く側に回っている子にこそ視線を向けるべきである。問題と子どもとの距離を縮めることができるかどうかは,教師の工夫次第なのである。

◆『二わの小とり』の例

問題の共有化について,例をあげて考えてみよう。本教材の学習問題は,「みそさざいは,どうしたらよいでしょうか」である。

このような葛藤が見える資料では,提示方法を工夫すれば,学習問題は読み手が自ずと理解する。しかし,教材を提示された時点では,問題は子どもの外にあり,他人事でしかない。

まず,問題と子どもとの距離を縮めるやりとりを始める。「何を迷っているのだろう?」「自分ならどっちを選ぶ?」と問いながら,個々の子どもが主人公の立場に共感する場をつくる。「お誕生日を迎えるやまがら」「音楽会の稽古をするうぐいす」それぞれの立場の意見を受け,「類似する自分の経験」を引き出したり,似た場合をシミュレーションしたりして,主人公の生き方や行動の意味に迫っていくのもよい。また,「もし自分がされたら」と,立場を換えて考えるのもよい。こうしたやり取りを短時間で行うだけで,どちらにも行きたいみそさざいの気持ちが見えてくる。

T 似たような経験はないかな?
C お誕生会にたくさんの友達が来てくれてとってもうれしかった。
T 友達が少ないとがっかりしてしまうね。
C お稽古に通っているけど,一度休むと教わってることがわからなくなるし,お母さんにも怒られる。
T 習い事は,休まず行くことが大事だし,それが力になるんだね。

こうして,「どちらに行っても誰かを悲しませてしまう」という難しさを各々が自分のものとして共有できたとき,それは,子どもたちにとって考えるべき個々の道徳的問題になる。
　本書の事例でも,以下のように,問題設定と問題共有のパターンにはさまざまなものがある。
① 学習問題を子どもとつくっていく方法。
② 教師から大きな話題として「テーマ」を与え,資料をもとにテーマについて話し合いながら学習問題をつくる方法。
③ 学習問題を2つ設定し,問題1の話し合いをもとに話題を展開し,より子どもに近い問題2をつくる方法。
④ 1時間目に資料の理解と学習問題づくりをし,2時間目に解決していく方法。
　学習問題と子どもとの距離を縮め,他人事ではなく,自分の問題として捉え考えていくプロセスであることは,どの方法でも共通している。

5 問題解決のプロセスと教師の役割

　問題解決的な学習の目的は,問題そのものの解決だけにあるのではない。解決のプロセスの中で,道徳的価値の意義や大切さに気づき,自分との接点を見いだしていくことにある。問題に対して,誰もが納得できる最善解を探るなかで,道徳的な心情や判断力が培われ,望ましい行為を行おうとする実践意欲が高まることをめざしているのである。
　問題解決のプロセスは,「登場人物はどうしたらよいか」「自分だったらどうするのか?」などの問いから始まり,この問いを巡ってさまざまな話題が話し合われるのだが,その結果,解決方法が1つに絞られることは希であろう。むしろ,「Aがいい」「Bがいい」など,解決方法がいくつかに分かれてしまうほうが自然な流れといえる。
　では,解決方法がいくつも生まれ,1つに決められない場合に,授業のゴールはどこになるのだろうか。具体的な事例を通して考えていく。

理論編

◆『絵はがきと切手』の例

　話し合いで，子どもたちの意見が大きく二手に分かれているとしよう。
　①せっかく送ってくれたのだから，言わずに返事だけ出そう。
　②同じ過ちをするかもしれないから，不足だと伝えよう。

①「教えない」理由	②「教える」理由
・正子をがっかりさせてしまう。 ・正子も怒ってしまい，友達ではいられなくなるかもしれない。 ・不足金はたいした金額ではない。 ・母もそう言っている。	・同じ間違いをするかもしれないから，教えるのが正しい。 ・わたしでも教えてもらえれば，これから間違えなくなるからいい。 ・兄も言っている。

　「どちらが正しいのか？」と話し合い，互いの立場から，考えの理由を伝えていくわけだが，この後，次のような2通りの展開がよく見られる。

　1つめは，上記のようにいろいろな意見が飛び交い，たくさんの考えが出たことに教師や子どもが満足し，それで終了とするパターンである。ただしこの場合，話し合いのゴールがわからず，子どもたちにとって何を学んだのかがはっきりとしない。このような学習の繰り返しでは，子どもたちは道徳の学習の意義を見いだせないであろう。

　2つめは，教師や子どもが相対する意見を安易に単純化し，まとめてしまう場合である。「今は教えずに，今度会ったときに伝える」とか，「同じように不定形郵便で返事を書き，暗に伝える」などの方法がそれに当たる。よりよい方法を考えたと子どもたちが納得することもあるが，どれも不確かでその場しのぎの方法であり，ねらいとする道徳的価値は見いだしにくく，学習する意義もあいまいとなる。

　以上の例では，どちらの授業にも，ねらいに迫る手立てが見られない。つまり，教師の働きが見えない。さきに述べたように，道徳における問題解決的な学習の目的は，問題の解決だけではなく，そこまでのプロセスにある。だから教師は，子どもたちの出す結果が1つに集約する必要はないと心得るべきである。

では，実際にはどうしたらよいか。この例では，「教えない」という意見は，「教えずに相手が同じ間違いをしたら困るだろう」という意識が薄く，行為を自分の立場から見ている傾向がある。また，「教える」という側からの意見も，「指摘を相手がどう捉えるのか」という目線に欠ける。
　そこで，相手意識をさらに持たせる「切り返し」を教師がしていくことで，異なる双方の意見につながりが見え，ねらいに迫ることができる。
　つまり，第3の解決策を探ることになる。
　以下に，柳沼氏が指摘している「解決策を吟味する5つの視点」（P28，a～e参照）に沿って，「切り返し」の方法を考えてみる。
　例えば「教えない」という子どもには，「このまま教えなかったらどうなるだろうか（a）」と結果を考える問いかけをし，立ち止まる場をつくる。すると，「その場は過ごせるかもしれないが，相手がまたほかの友達に定形郵便を送ってしまい，迷惑をかけるかもしれない」と気づくだろう。「もし，自分が出してしまったら，教えてほしいか（c）」という問いかけには，「言われると少しいやな気持ちになるが，教えてもらったほうがよい」という意見もあり，考えが変わる子も出てくるかもしれない。
　いっぽう「教える」という子どもにも，「自分が同じように間違いを指摘されたら？（c）」と問い返せば，「言い方にもよるが，いやな気分になる」という答が返ってくるだろうし，「普段の生活で，誤った行動をした友達に指摘しているか（d）」と問えば，できないときもあり，それは，「相手がその指摘をどう受け止めるだろうか？」という不安があるからためらうのだと気づくだろう。
　教師が視点を変えるきっかけを与えると，「教える」側の子どもも「教えない」側の子どもも，相手の立場や心情を多様な側面から考え，とるべき行動を見つめ直すことができる。意見が違う同士でも，議論が平行線をたどらず，互いの接点が見つかることで，話し合いの話題がねらいへと焦点化される。
　こうして，子どもたちに「相手に正しいことをしたい！」という思いが膨らんでいくと，「教えるべきだが，相手への不安から行動できない」と

いう新しい問題が生まれ，さらに「相手の気分を悪くせずに伝えるには，どうすればいいのか？」「友達のために教える勇気をどう持つのか？」などへと話題が発展し，自らの友情観を高めていくと考えられる。

◆『うばわれた自由』の例

　もう1つ，高学年の例をあげて考えてみよう。ここでの学習問題は「本当の自由とは何か？」とする。子どもたちは，わがまま放題であるジェラール王子の自由は間違いと理解するいっぽうで，きまりを王子にまで要求するガリューにも行き過ぎた思いを感じるだろう。すると，「自由にきまりはいるが，どこまで必要なのか」という話題で話し合いが進んでいく。

　ここで教師が「みんなが好き勝手な自由をしたらどうなるのか？(a)」「違反者のために，きまりばかり増やされたら自分はどう思うか？(c)」などと，双方に切り返す。すると，「外的なきまりで自由を規定することは難しい」という気づきが生まれてくる。そして，「自由は自分で律していくもの」というねらいとする価値が見えてくると考えられる。

　このように，解決へと進む話し合いでは，異なる意見や対立する考えにある「接点」を見いださせ，ねらいに関する話題をつくり出せるように，柔軟に導いていくことが教師の役割である。子どもたちの異なる意見の中に，「同じ言葉を使っていないか」「互いの意図に共通点はないか」と，言葉と言葉をつないでいけるかどうかが，教師の力量である。そのため，教師は事前に資料分析を行い，発問とそれに対する子どもの予想を十分に考え，準備することが大切なのである。

　ねらいとする価値内容が見えるように教師が話題を焦点化していくことができれば，子どもたちの中心の話題は，問題の解決そのものではなく，「どう判断し，どう考えるか」という，自らの道徳的価値の見つめ方の問題になっていく。ここに，解決プロセスからの学びが生じる。

　このような授業の場を多く積み重ねることが，「自己の生き方」や「人間としての生き方」を見つめ，道徳的問題を子どもたちが主体的に考える学びにつながると考える。

| ④ 怖さを越えて！
（心を伝えよう） | ③ お姉さんの素直な心
（おわびのきっかけ） |

③
- 謝りたいけど、謝れないという話題になったとき、この場面を提示し、「どう謝ったらよいか？」を考える材料とする。
- 魚を取られた悔しさを押さえ、相手の気持ちにつなげる。
- 熱心に謝る姿、心からの行動に注目させ、謝り方のヒントとする。

④
- 展開の最後に提示し、ねらいへと迫る手立てとする。
- 勇気を持ち、「正直」であるとその気持ちが相手に通じることを感じさせ、正直である意味を考える場とする。

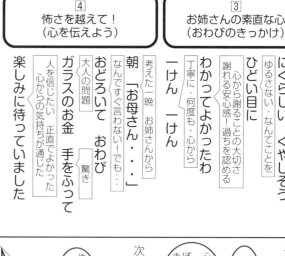

くやしい・つかまえよう
にくらしい　くやしそう
ゆるさない・なんてことを
ひどい目に
心から謝ることの大切さ
謝れる安心感！過ちを認める
わかってよかったわ
丁寧に・何度も・心から
一けん　一けん
考えた一晩　お姉さんから
朝　「お母さん・・・」
なんですぐ言わない！でも…
おどろいて　おわび
大人の問題　　　　驚き
ガラスのお金　手をふって
人を信じたい
心からの気持ちが通じた
正直でよかった
楽しみに待っていました

その日の夕方
この猫め！ひどい目に！
心から謝るお姉さんぼくも！できるかな？
次の日
やっぱり怖い
思い切って、言おう
許してもらえた！正直って大切だ

理論編

「まどガラスと魚」の資料分析

場面と見出し　文中のキーワード

① 思いがけなく飛んだボール（後悔の始まり）

- 出来事の始め
  - 「逃げろ」
  - 圭祐が…進一郎も…
  - 止めようとする自分・止まらない自分
  - 逃げちゃいけない
  - 怖い、逃げたからこそ
  - つい！うっかり！このとき謝れば
- 今にも…つかまれそう
- 「よかったね」…にやり
  - とりあえずの安心…進一郎との差
- わらいもせず　顔をまっかに

② 1枚のはりがみ（大きな穴から心の叫びへ）

- 怖れ・不安
- こっそり
  - 夢じゃない！悪いとはっきり
- はっとして
  ぽかんと大きな穴
  気になって
  - 大きな過ち
  - 後悔！不安
- 「だれだ！」
  - 悪いのは自分だ！さらに怖く
- 心　さけび　あわてて
  - 心の痛み！ゆるして！
- また
  - そうとう気になる
- にらみつけて　重く
  - 謝りたい！しかし

進一郎の心情変化

- その日：やってしまった反射的行動
- 翌日：いけないと思いつつも、逃げてしまう自分
- 翌日：つい気になる　後ろめたい気持ち
- 学校の帰り：ガラスを割ったのはだれだ
- 次の日：どうしたらいいのか？

指導のポイント

①
- ①・②を提示し「考えたい問題は何か？」と問いかけ、問題をつくる。
- 逃げてしまった進一郎の心情に共感させ、誰でもしてしまう行為だと気づかせ、必要感を持たせる。
- 圭祐の心情も押さえ、「謝らない」側の材料とする。

②
- 上記のキーワードを押さえ、心のくもりが後悔へと膨らむことに気づかせる。
- 「だれだ！」の文字を板書し、心の重みを感じる場とする。
- 「さけび」「にらみ」などをキーワードに位置づけ、話し合いで使っていく。

資料を次の手順で分析し，授業構想を練る。

①場面を分けてみる。それぞれに見出しをつけると，全体のつながりがみえ，話の山場がわかる。この山場に「ねらい」にぐっと迫るポイントがある。

②主人公の心情を大まかに折れ線で表してみる。もちろん心情はこの一通りではないが，こうして大きく設定することで，主人公の気持ちの変わり目や少しずつ変化する場がみえてくる。この変わり目には，いくつかの価値内容が含まれている。問題設定や議論の場をどこに置くのか？　という目安になると考える。

③場面構成と中心発問の場が決まったところで，指導のポイントを書き込む。つまり，問題設定⇒話し合い⇒ねらいの3つをつなげる工夫や留意点を入れていく。

> **コラム** 道徳的問題を抽出・分析するポイントと解決するためのポイントとは？

◆道徳的問題を抽出・分析する３つのポイント
   a 何が問題なのか。なぜそれが問題なのか。解決すべき課題は何か。
   b 登場人物の考え方は，自他にどのような影響を与えているか。
   c 登場人物の考え方は適切か。

◆道徳的問題を解決する５つのポイント
   a その解決策はどのような結果をもたらすか。
   b その解決策はそれによって影響を受ける人を尊重しているか。
   c その解決策はあなたに適用されてもよいか。（可逆性の原理）
   d その解決策はだれにでも適用するか。（普遍性の原理）
   e その解決策は問題の当事者みんなを，幸せにできるか。（互恵性の原理）

> **コラム** 解決策を吟味するよう促す発問として，実際にはどんなものがあるか？

①解決策の理由をたずねる発問
　「どうしてそう考えましたか」など
②解決策の結果をたずねる発問
　「相手のために親切にしたら，どうなるだろう」
　「そうすることで，自分はどんな気持ちになるか」など
③前提条件を変える発問
　TPOを変えて同じ質問をたずねる。「大事な用事があるときでも，そうしますか」「あなたが見知らぬ人でもそうしますか」など
④解決策の可逆性をたずねる発問
　「あなたがそうされてもよいですか」「逆の立場でもそれでよいですか」など
⑤解決策の普遍性をたずねる発問
　「だれにでもそうしますか」「みんながそうしたら，どうなるでしょう」など
⑥より高いレベルの道徳的価値観に気づかせる発問
　「相手の立場も思いやるとどうか」「学級全体のことを考えるとどうか」など
⑦どれが最もよいかをたずねる発問
　「このなかでどれが一番いいかな」「比較してよりよいのはどれだろう」など
⑧汎用を促す発問
　「先ほどの問題解決をここにも使えないだろうか」
　「先ほどの話の教訓をここでも生かせないだろうか」など

柳沼良太編著『子どもが考え，議論する問題解決型の道徳授業・事例集』2016，図書文化

定番教材でできる
問題解決的な道徳授業

実践編

[問題解決的な授業と心情理解中心の授業との対比]
1. はしの上のおおかみ　30
2. ぐみの木と小鳥　40

[問題解決的な授業]
1. 二わの小とり　50
2. ろばを売りに行く親子　58
3. きんいろのクレヨン　64
4. ないた赤おに　70
5. まどガラスと魚　78
6. フィンガーボール　86
7. 心の信号機　94
8. 金色の魚　102
9. ブラッドレーのせいきゅう書　108
10. すれちがい　114
11. ロレンゾの友だち　122
12. うばわれた自由　130
13. 手品師　138
14. 最後の一葉　144
15. 星野君の二るい打　150

●問題解決的な授業と心情理解中心の授業との対比

1　低学年（2年生）

教材　はしの上のおおかみ

内容項目　親切・思いやり，公平・公正

問題解決的な授業では，1人しか通れない一本橋で「自分がおおかみだったら，どうするか」を学習問題とし，自他の欲求や権利をどのようにして調整して，自他ともに幸せになる道を見つけていくかを議論する。本実践では，解決方法を役割演技して気持ちを聞くことでねらいに迫る。

心情理解中心の授業では，場面ごとに共感的に，おおかみの心情理解をしながら，おおかみの気持ちと自分の気持ちを重ね合わせてねらいに迫る。

● 主題および教材

(1) **授業の主題**：おもいやりの力

　幼さからまだ自我が強く，わがままな行動をしがちな時期である。素直に考えるよさを生かし，意地悪なおおかみの行動から，親切にする難しさに気づかせながら，人を思いやるすばらしさを見つめさせたい。

(2) **教材名**：「はしの上のおおかみ」

出典：作　奈街三郎，『わたしたちの道徳　小学校1・2年』文部科学省
あらすじ：一本橋を渡るおおかみが，うさぎ，きつね，たぬきを追い返す。しかし，くまに親切にされたおおかみは，うさぎにも親切にしてみる。すると，いつもよりよい気持ちになった。

問題解決的な授業

星　直樹

● 定番教材をこう使う！

(1) 学習問題は何か？

　この教材は，「親切，思いやり」を中心価値としながらも「公平，公正」「善悪の判断」「友情，信頼」の価値を内包している。まず，この教材の道徳的問題は，1人しか通れない一本橋で自他の欲求や権利をどのように調整していくかである。

　おおかみ（意地悪，うさぎなどに対しては強者，くまに対しては弱者），うさぎ・たぬき・きつね（小さい，弱者），くま（やさしい，大きい，強者）は，それぞれの性質の表れであり，おおかみの問題を考えることによって，「自分がおおかみだったら，どうするか」を学習問題とする。そして，この問題を解決する方法を議論することにより，結果として自他ともに幸せになる道を見つける。

(2) 指導の工夫

・展開前半は学習問題を見つけ解決方法を考え，展開後半はそれぞれの解決方法を役割演技をしてみる。

・教材は大きく2つに分け，学習問題を見つけるために，くまと出会い「もどります」と言うまでを前半とし，後半は解決策の行動が決まった後に役割演技に入っていく。

・役割演技は，おおかみ役，うさぎ（たぬき，きつね）役に分かれ，おおかみ役とうさぎ役を交代するなど，それぞれの気持ちや相手の気持ちを考えさせる。

(3) 評価のポイント

　親切の大切さに気づき，理解しているかを，授業での発言，役割演技やそれを見ての感想，ワークシートの記録などから評価していく。また，話し合いをするなかで，ほかの子の意見を取り入れながら，多面的・多角的に考えて判断しているかを評価する。

● 本時の指導

(1) **本時のねらい**

　おおかみの行動について話し合うことで，温かい心で接し，親切にする大切さを知り，身近な人に親切に接しようとする気持ちを持つ。

(2) **本時の展開**

主な学習活動	指導上の留意点・と評価☆
1．小さい子などに意地悪をしてしまったことはあるか。	・誰にでも親切にする難しさに気づかせ，学びの構えとする。
2．教材のくまとの出会いまで範読し，おおかみの問題を考える。 ○おおかみをどう思うか。 ・意地悪だ。嫌われるよ。 ・もっとやさしくしなきゃ！ ・くまだけにやさしいのはずるい。 ○おおかみはなぜ意地悪なのか。 ・自分が偉いと思っている。 ・けんかに強いから，わがままがいつも通っちゃう。	・教室にひな壇などを置き，実際に演じながら，やる側とされる側の双方の気持ちを理解し，問題をつくっていく。 ●うさぎたちの気持ち ●くまへの行動の違い ●意地悪をしてしまうおおかみ ・おおかみを意地悪と決めるのでなく，力が強いとつい考えを押しつけがちになる点に共感させたり，導入の経験を思い出させたりして問題の難しさに気づかせる。
自分がおおかみだったら，どうするか。	
3．学習問題を解決する。 ○自分がおおかみならどうするか。 ・ジャンケンをして，勝ったほうが通ることにすればいい。 ・相手が弱いなら，譲ってあげると喜ぶと思う。	・板書を生かし，問題をつくるときに出された課題を整理し，どうすればよいか解決策を考えていく。 ●悲しい人を出さない。 ●強い人が威張らない。 ●誰にでもやさしくする。

問題解決的な授業

・どちらか一方の人が渡れるルールにすればいい。 ・話し合い，どちらかが譲る。 ・おおかみが抱き上げて渡らせてあげればいい。	●誰でも同じことをする。 ●みんな気持ちよくする。など ☆ほかの子の考えを取り入れながら，多面的・多角的に考え判断しているか。 ・行動が決まった後で，教材の後半を読み，親切は人の気持ちをやさしくすることに気づかせる。
3. 考えた行動を実際にやってみて，互いの感想を聞き，考えをワークシートにまとめる。 ・親切にすると，相手がとても喜んでくれる。 ・親切にするほうが，意地悪するよりもずっとうれしくなる。	・話し合いで出された行動を演じ，そのときのおおかみや相手の気持ちを考え，よりよい方法を考える大切さを理解し，実践への意欲を高める。 ☆親切の大切さに気づいているか。また，立場を変えて考えることができたか。

● 授業の取り扱い説明書―問題解決的な授業のポイント― ●

板書計画

(1) 学習問題を設定しよう

　学習問題の設定は，「ここに問題がある」という指摘だけでは考える必然性が生まれない。問題と理解しながら，「やってしまうこともあるだろう」という共感が大切であり，そこに考えねばならない切実さが生まれる。1年生といえども，気持ちを想像するだけでなく，問題としての理解を生むために，教材の前半（おおかみがくまと出会い「もどります」と言うまで）だけを提示し，おおかみが意地悪をしてしまう気持ちへの共感を引き出したい。そのために導入で「つい意地悪をしてしまった経験」を聞いておく。

(2) 問題解決に向けて動き，ねらいに迫ろう

　教材範読後，役割演技を随時取り入れ，問題の設定や解決をしていく。教室にひな壇のような少し高い台（児童机でもよい）を置き，おおかみ役とうさぎ役を演じさせ，おおかみの行動を視覚化し，問題を考えていく。その際，子どもを高い台に乗せ，視線が高まると威張りたくなる気持ちが出るかたずねるのもよい。導入の意地悪体験も生かし，おおかみの意地悪さが誰にでもあることに気づかせ，問題に切実さを生み出していく。

　こうしておおかみの問題が，誰にでも起こり得ることがわかれば，問題を解決したいという意欲を抱くだろう。「ジャンケン」や「譲り合い」などの考えられた行動を随時，おおかみ役に演じさせ，そのときの気持ちを聞き出す。また，相手役（うさぎやたぬきなど）の気持ちも合わせて聞くことで，自分の行動が相手に結びついていることを意識させる。

　こうして親切な行動のよさに気づかせ，進んで相手を思いやろうとする気持ちを高め，実践へとつなげていく。

心情理解中心の授業

丸岡　慎弥

● 定番教材をこう使う！

(1) **学習問題は何か？**

　低学年段階の子は，自分のことしか考えない子どもも少なくないが，周りの人からいろいろなことをやってもらったりする。思いやりや親切は，相手のことを考えることで，初めて行動に移すことができる価値である。したがって，ここでは，自分が親切にしてもらったときの気持ちを聞いておき，次に教材で，おおかみの心情理解に迫っていく。
①おおかみがうさぎと出会って，追い返したときの気持ち
②おおかみがくまに抱き上げられて，道を譲ってもらったときの気持ち
③おおかみがうさぎを抱き上げて，道を譲ったときの気持ち

　同じ「気持ちがいい」でも，うさぎを追い返したときと親切にしたときの気持ちの違い，それに自分が親切にされたときの気持ちに気づかせる。

(2) **指導の工夫**

・導入場面で自分が親切にしてもらったときの気持ちを聞く。
・教材の提示は，上記①から③の３つに分割して範読し，それぞれ話し合いをする。教師と子どもたち全体という形式でもよいし，主体的な学びをするためにペアや小グループ形式にしてもよい。
・教室に平均台など，一本橋の代わりとなるものを用意し，役割演技をして各場面の気持ちを考える。
・板書は，①から③の流れに沿う形にして，それぞれ子どもの意見を書き留める。特にくまに抱き上げられて道を譲ってもらった後の気持ちを中心発問として大きく取り上げる。

(3) **評価のポイント**

　教材の中のおおかみが親切にされたときの気持ちと，自分が親切にされたときの気持ちとをつなげて考えられたか，話し合いやワークシートで評価する。

● 本時の指導

(1) **本時のねらい**

身近な人たちに温かい心で接し，親切にしようとする態度を育てる。

(2) **本時の展開**

主な学習活動	指導上の留意点・と評価☆
1．親切にされたときの気持ちを思い出す。 ○誰かから，親切にしてもらってうれしくなったことがあるか。	・子どもの発表に対して「どうしてうれしくなったのかな」と問い，親切にされたときの気持ちに迫れるようにする。 ☆自分にしてもらった親切を思い出すことができているか。また，そのときの自分の気持ちを思い出すことができているか。
2．おおかみの心情に迫る。	・場面ごとに教材の範読をする。 ・教室に平均台など橋の代わりのものを用意し，役割演技をし，各場面の気持ちを考える。
「もどれ，もどれ」と言ったときのおおかみは，どんな気持ちだったのか。	
・偉いんだぞ。 ・威張って気持ちがいい。 ○くまに出会ったとき，おおかみはどんな気持ちだったのか。 ・強そうなやつがいる。 ・怖そうだ，意地悪されないかな。	☆追い返しているときの「威張って気持ちがよい」という気持ちに気がつくことができているか。
くまに抱き上げられて道を譲ってもらった後，おおかみはどんなことを考えたのか。	

心情理解中心の授業

・かっこいい。 ・譲ってもらって驚いた。 ・親切にされてうれしい。 ・今までの自分は、いけない。	・くまに抱き上げられて道を譲ってもらった後のおおかみの気持ちを中心に考えるようにする。 ☆道を譲ってもらった後のおおみの気持ちを想起できているか。
うさぎを抱き上げて道を譲ったおおかみは、どんな気持ちだったのか。	
・親切にすることは気持ちがいい。 3．学習を振り返る。	・「人に親切にするとうれしくなる」という導入場面の子どもたちの気持ちとつなげられるようにする。 ☆自分の生活とつなげているか。

● 授業の取り扱い説明書－授業をこう展開しよう！－

板書計画

(1) **学習問題を設定しよう**

　導入場面で「親切にされてうれしかったことは何か」「親切にされたときにどんな気持ちだったか」ということを押さえる。これは、後の授業の中心とつながることなので、丁寧に押さえるようにしたい。

　その後、教材文の範読を行う。教室に橋の代わりとなるようなもの（平均台など）を用意することで、より話の内容を子どもたちに想起させることができる。それぞれの場面で、橋の代わりとなるものを使いながら劇化を行うことで場面想起につなげることができるだろう。

　まずは、おおかみがうさぎを追い返した場面を取り上げる。ここでは「おおかみが威張っていて気持ちがよい」という感情を押さえるようにする。その感情と最終場面のうさぎに譲ったときの感情とを授業後半で比較するのもよい。「同じく気持ちがよいことだけど、何が違うのだろう」と迫ると、より「親切の気持ちよさ」を感じ取ることができるだろう。

(2) **心情を理解しながら、ねらいに迫ろう**

　そして、授業のメインである「おおかみがくまの後姿を見ているとき、どんな気持ちだったのか」の学習課題とつなげていく。ここで、導入場面の「親切にされたときの気持ち」を考えたこととつなげることができる。導入での「親切にされたときの気持ち」を押さえることで、授業の中心場面で、子どもたちは「親切にされてうれしかった」「どっこいしょと譲ってもらったことに驚いた」という気持ちから「今までの自分はいけないことをしてしまっていた」「今度、誰かと出会ったら道を譲ってあげよう」という気持ちにまで考えることができるだろう。そして、おおかみの気持ちと自分の気持ちとを重ね合わせることができる。

　最終場面のおおかみの気持ちを考える際に「親切にすることは気持ちのよいことだ」ということへと、子どもたちの思考をつなげるようにする。今までは「親切にされること」に意識が向いていた子どもたちも「親切にすること」へと意識を向けることができるだろう。

はしの上のおおかみ　　なまえ

○しんせつに　してもらって　うれしく　なったことが　ありますか。
　それは　どんな　ことですか。

○おおかみは，どんな　きもち　だったでしょうか。
①うさぎに「もどれ，もどれ」と　おいかえしたとき。

②くまに　だきあげられて　みちを　ゆずって　もらったとき。

③うさぎを　だきあげて　みちを　ゆずったとき。

○おうちの　ひとに　やってあげる　ことができる　しんせつを　3つ
　かきましょう！(しゅくだい)

39

● 問題解決的な授業と心情理解中心の授業との対比

2 低学年（2年生）

教材
ぐみの木と小鳥

内容項目 親切・思いやり，勇気

問題解決的な授業は，「自分が小鳥だったら，嵐の中，どうするか」と問うことにより，相手に対して親切にすることと自分のことを天秤にかける。子どもから多様な考え方や感じ方を引き出し，道徳的価値について多面的・多角的に考えさせながら，第3の道を見つける。

心情理解中心の授業は，ぐみの木のやさしさ，小鳥のやさしさを問いながら，「どうして危険を冒してまで，ぐみの実を届けようとしたのか」を問うて，その原動力に迫る。

● 主題および教材

(1) **授業の主題**：思いやる心

　家族だけでなく，多くの人と関わることが増えてくるこの時期に，身近な人にどのように接したらよいか，思いやりのある心とは何かを考える。

(2) **教材名**：「ぐみの木と小鳥」

出典：作　村田吉之視，文部省『小学校道徳の指導資料とその利用5』
あらすじ：ぐみの木が，姿を見ない友達のりすを心配し，それを知った小鳥は，ぐみの実をくわえて，りすのもとに飛んでいくと病気で寝ていた。ある日，小鳥は，嵐の中，病気で寝ているりすにぐみの実を届ける。
※教科書社によって，激しい雨と嵐の中飛び立つものと，少し嵐がおさまってから飛び立つものとがあるので留意する。

問題解決的な授業

木村　隆史

● 定番教材をこう使う！

(1) 学習問題は何か？

　「自分が小鳥だったら，嵐の中どうすればよいか」が学習問題である。嵐の中，ぐみの実を届けることは容易なことではない。小鳥の行為について話し合っていくなかで，「温かい心で親切に接するには，どうすればよいか」について考えさせていく。

　後半部分では，りすの涙をもとに「自分がりすだったらどう思うか」という発問を用意し，命がけで来てくれたことやぐみの木の思いを引き出す。

(2) 指導の工夫

　教材を前半と後半に分断して提示する。

　教材の前半を提示してから「自分が小鳥だったら，どうするか」と発問し，基本的には「行く」「行かない」の2項対立の形で進める。

　行く理由，行かない理由を聞くなかで，どうしたらもっとよい解決策となるか，第3の道を話し合うのもよい。

　後半部分では，今度はりすに立場を変えて，「自分がりすだったら，どう思うか」と第2の発問を用意する。

　本時のねらいとする道徳的価値である「親切，思いやり」は，親切な行動を行う小鳥だけではなく，親切な行動を受ける相手のりすについても考えさせる発問構成とする。

(3) 評価のポイント

　ねらいとする「親切，思いやり」を中心としながらも，「正直，誠実」「勇気」「節度・安全」など，それを支える関連的な道徳的価値についても，友達と話し合うなかで多面的・多角的に考えることができたかどうかを評価する。

● 本時の指導

(1) 本時のねらい

小鳥の行動を支える道徳的価値について話し合うことを通して，相手の気持ちを考え，進んで親切にしようとする態度を養う。

(2) 本時の展開

主な学習活動	指導上の留意点・と評価☆
1．場面絵を見て，どのような場面かを考える。 ○これは，どのような場面か。どうして小鳥は嵐の中，飛んでいるのか。 2．教材の前半を読んで話し合う。	・教材の一場面である，嵐の中を小鳥が飛んでいる場面絵を見せる。
自分が小鳥だったら，嵐の中，どうするか。	
行く ・困っているりすのために実を届ける。（親切，思いやり） ・友達のぐみの木を助けるために行く。（信頼，友情） ・届けに行くよと言った約束を守る。（正直，誠実） ・行くことが正しいと思うから。（勇気） 行かない ・嵐の中，本当に行ってもよいのだろうか。（節度・安全） ・嵐が去ってからでよい。	・本時のねらいである「親切，思いやり」を中心としながらも，それを支える関連的な道徳的価値についても多面的・多角的に考えさせ，取り上げていく。 ・「行かない理由」も取り上げて議論させる。 ・どうしたらもっとよい解決策となるか，第3の道を話し合う。 ・子どもの発言をそれぞれの道徳的価値ごとに分類整理しながら，構造的に板書する。 ☆友達と話し合うなかで，多面的・多角的に考えることができたか。

問題解決的な授業

3．教材の後半を読んで話し合う。	
自分がりすだったら，どう思うか。	
・来てくれてうれしい。 ・ぼくのために，ありがとうと言う。 ・嵐の中，来てくれてすごいな。 4．自分の経験を振り返る。 ○これまで親切にしたこと，親切にされたことはあるか。 5．本時の学習を振り返り，自分の考えをまとめる。 　（ワークシート）	・後半の内容が，自分の予想と当たったか外れたかということに，興味・関心が流れないようにする。 ☆立場を変えて考えることができたか。 ・まず，両方の経験を振り返らせる。 ・自分の考えが深まったり強まったりしたところ，考えが変わったところ，友達の考えでよいと思ったところなど。

● 授業の取り扱い説明書ー授業をこう展開しよう！ー

板書計画

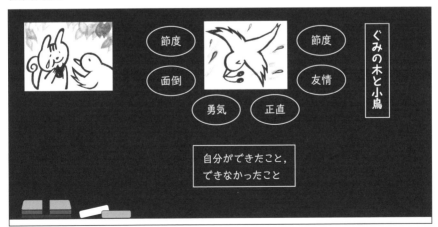

(1) 学習問題を設定しよう

　導入において、教材の一場面である、嵐の中を小鳥が飛んでいる場面絵を見せる。まず「これは、どのような場面でしょうか」と発問すると、子どもからは「雨が降るなか、小鳥が口に実をくわえて一生懸命に飛んでいる」という反応が返ってくる。

　次に、雨ではなく嵐であることを伝え、教材の前半だけを読み聞かせる。そして、「自分が小鳥だったら、嵐の中、どうするか」と学習問題を設定する。

(2) 問題解決に向けて動き、ねらいに迫ろう

　基本的には「行く」「行かない」の2項対立の形で進める。

　「行く」考えとして、「りすのために実を届けたい」という親切、思いやり、「友達のぐみの木を助けるために」という友情、「約束を守りたい」という正直、誠実、「自分が正しいと思うことを行いたい」という勇気などが出てくると考えられる。「行かない」考えとして、「嵐の中、行ってもよいのか」という節度・安全、「雨にぬれるから行きたくない」「大変だから面倒くさい」などが出てくると考えられる。

　出された考えをそれぞれの道徳的価値ごとに分類整理しながら板書し、友達の考えについて自分はどう思うか、さらに第3の道はなかったのか話し合わせて問題解決的な学習とする。

　さらに実際の物語はどうだったのか、後半部分を読む。

　そして、「自分がぐみの実をもらったりすだったら、どう思うか」という第2の発問をする。これは、実際には命がけで来てくれた場合、小鳥やぐみの木が思いやる立場から、逆に思いやりを受ける立場へと、立場を変えて考えることができるようにするためのものである。

　最後に、自分が親切にしたこと、親切にされたことを振り返らせることによって、実生活へとつなげていく。

ワークシート☛P158

心情理解中心の授業

古見　豪基

● 定番教材をこう使う！

(1) 学習問題は何か？

「小鳥さんはどうして無理な思いをして，ぐみの実を届けたのでしょうか」が学習問題である。嵐の中，ぐみの実を届けることは容易なことではない。小鳥がなぜそのような行為までしてぐみの実を届けたのかを話し合っていくなかで，小鳥やぐみの木の思いやりのよさについて吟味する。

(2) 指導の工夫

①導入で，「やさしい行動」と「思いやり」がどのような関係になっているのか，基本的な構造を押えたうえで，子どもの経験と思考の間にズレを起こし，ねらいとする価値への関心・問題意識を高める。

②展開においては，ぐみの木と小鳥のやさしさ（行為）に目を向けながら，小鳥がりすにぐみの実を届けるに至った理由（原動力）について追求できるようにする。

(3) 評価のポイント

本時のねらいとする道徳的価値である「親切，思いやり」について，友達と話し合うなかで多面的・多角的に考えることができたかどうかを評価する。

また，小鳥だけでなくぐみの木の思いやりにも気づき，これからの自分の生活に生かそうとしているかを評価する。

● 本時の指導

(1) 本時のねらい

　小鳥の行動を支える道徳的価値について話し合うことを通して，多面的・多角的に相手の気持ちを考え，進んで親切にしようとする態度を養う。

(2) 本時の展開

主な学習活動	指導上の留意点・と評価☆
1. 学習テーマを設定する。 ○やさしい人はどんなことができるか。 2. 教材を読む。	・生活を振り返り，現在の自分の問題として捉えさせ，ねらいとする価値への関心・問題意識を高める。
テーマ：小鳥さんのやさしいところをたくさん考えよう！	
3. 学習問題を設定する。 ○このお話で困ったことは何か。 4. 教材について話し合う。	・教材の問題点を批判的に捉えながら，「思いやりのよさとは何か」という観点で読ませる。
ぐみの木のやさしいところはどんなところか。	
・りすさん・小鳥さんにぐみの実をあげているところ。 ・お腹を空かせて困っている小鳥さんを助けたこと。 ・りすさんを心配してくれた。 ・みんなのためにできることを探している。	・本時のねらいとする道徳的価値である「親切・思いやり」を中心としながらも，それを支える関連的な道徳的価値についても多面的・多角的に考えさせ，取り上げていく。
小鳥さんのやさしいところはどこか。	
・りすさんの様子を見にいった。 ・嵐の中，ぐみの実を届けてあげた。	

心情理解中心の授業

・みんなのためにできることを探している。	☆思いやりについて多面的・多角的に考えることができたか。
小鳥さんはどうして危険な嵐の中，ぐみの実を届けようとしたか。	
・りすの笑顔が見たい。 ・ぐみの木の思いやりがいいなと思った。 （ワークシート） 5. 本時の学習を振り返り，自分の考えをまとめる。 ○自分の経験を振り返りながら今日学んだことを書こう。 （ワークシート）	・ぐみの木の思いやりについてさらに掘り下げて考えていく。また，小鳥に同じ思いが存在していることを，ぐみの木との関係から考えさせたい。 ・自分の考えが深まったり強まったりしたところ，考えが変わったところ，友達の考えでいいなと思ったところなど。 ☆話し合いやワークシートから，自分の価値観を見つめ，考えを深めることができたか。

● **授業の取り扱い説明書**ー授業をこう展開しよう！ー

板書計画

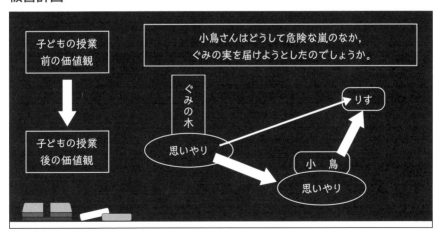

(1) 学習問題を設定しよう
① 「ぐみの木と小鳥」を読み，「何が問題なのか」を問いかける（子どもの意見から学習問題を設定することで主体性を大切にしていきたい）。
② ぐみの木のやさしさ（行為）と思いやり（心）について考える。
③ 小鳥のやさしさ（行為）と思いやり（心）について考える。
④ ぐみの木と小鳥のやさしさ（行為）と思いやり（心）について，二者の関係から検討し，小鳥が嵐の中，りすの元へ向かった理由に迫っていく。
　※りすを含めた三者の関係性について考える子も出てくる可能性がある。この場合も，三者の関係から，思いやりについて多面的・多角的に捉えられるようにしていく。

(2) 心情を理解しながら，ねらいに迫ろう
① 「小鳥さんはどうして危険な嵐の中，ぐみの実を届けようとしたのでしょうか」という発問から，思いやりに大切な心について追求していく。
・また，以下の発問を用いて，小鳥の行動の是非についても多面的に検討する。
・（例）「小鳥さんのような心を使うと，相手やみんなは，どんな気持ちになるのかな？」（結果の考察）
・（例）「もし自分が小鳥さんのような心をもっていたら，どんなことができるかな？」（可逆性）
・（例）「小鳥さんの思いやりは，誰にでも当てはまるかな？」（普遍性）
・（例）「小鳥さんの思いやりは，みんなを幸せにできるのかな？」
　　　　（互恵性）
② 終末では，テーマである「思いやり」のよさについて，自分と関連づけながら吟味していく。
　「思いやりのいいところをたくさん考えよう！」
　「これからの自分のことを考えよう」
③ 本時で学んだことを実践で生かすために，ワークシートを使って，何を学んだのかを明確にしていく。

ぐみの木と小鳥　　　なまえ [　　　　　]

①「やさしい人」とは，どんな人ですか？（しゅくだい）

[　　　　　　　　　　　　　　　　　　　　　　　]

②どうして小鳥さんは，あらしのなかでも，ぐみの実を，りすさんにとどけようとしたのでしょう。

[　　　　　　　　　　　　　　　　　　　　　　　]

③きょうべんきょうしたことで，（1）わかったこと・みつけたこと，（2）友だちのお話をきいてわかったこと，（3）これからやりたいことをかきましょう。

[　　　　　　　　　　　　　　　　　　　　　　　]

◇今日のじゅぎょうで…
①わかったこと・あたらしくみつけたことができた。（○　△　×）
②友だちのいけんをきいたり，自分で考えて，いいな〜・すごいな〜と思った。
　　（○　△　×）
③学んだことをもとに，これからのことを考えることができた。（○　△　×）

1 低学年（1年生）

教材
二わの小とり

内容項目 友情, 信頼

近藤　健

問題解決的な授業デザイン！

　友達とのつきあい方をテーマに，約束が重なった場合，うぐいすたち（近くて楽しい仲間）か，やまがら（遠くて1人ぼっちの子）か，「自分がみそさざえならどちらに行くか」という問題場面を設定です。基本は「やまがらの家に行く」だけが本当に正しい選択なのか，最善解はないのか議論するのであるが，本事例では，あえて「片方にしか行けない」と場面を限定して，友達の立場に立って考える視点をつくり，何を大切に思うかという心情へ話題を移し，「よい友達とはどのような友達か」というねらいに迫る。

● 主題および教材

(1) **授業の主題**：友達を大切にしよう

　学校生活にも慣れ，少しずつ友達を増やそうとする時期である。そのため，みんなといる楽しさを優先し，1人でいる子がいても気にならない傾向も見られる。したがって，友達の気持ちに寄り添って行動する大切さに気づかせ，どう取り組むのか具体的な行為も含めて考えさせていく。

(2) **教材名**：「二わの小とり」
出典：作　久保 喬，『みんなのどうとく　1ねん』学研
あらすじ：うぐいすたちとの音楽会の練習とやまがらの誕生日のお祝いのどちらに行くかで迷うみそさざいが，1人ぼっちのやまがらに思いを寄せ，誕生日のお祝いに行く。

● 定番教材をこう使う！

(1) 学習問題は何か？

「よい友達とはどんな友達か？」をテーマに、「やまがらとうぐいす、どちらの家に行ったらよいか？」という行為から考えていく。本時ではあえて、「片方にしか行けない」と場面を限定することで、葛藤場面を鮮明にして、やまがらの寂しい心情に気づかせるようにする。そして、友達に対して「何ができるか」という行動から、「何を大切に思うか」という心情に迫っていく。

(2) 指導の工夫

①資料提示の工夫：資料を分けて「みそさざいはどちらに行こうか迷っている」の場面までを提示し、「みそさざいが困っていることは何だろう？」と問いかけ、学習問題をつくる。

②構造的な板書：黒板の中央に「みそさざい」、左端に「うぐいすたち」、右端に「やまがら」を貼り、葛藤場面が浮き上がるように板書する。

③サインボード：子どもが自分の考えや気持ちを色によって表現するための三色の三角コーン「サインボード」を用いる。

青（やまがら）赤（うぐいすたち）黄（迷う）。

自分の考えを色で見せながら話し合うことで、それぞれの立場の意見を聞いて、自分の考えをそのつど変えていくこともできるようにする。

(3) 評価のポイント

「どちらに行くのか」という行動の迷いから「友情」についての考えをつくる過程を通して、ほかの子の意見を多面的・多角的に捉えているか、

サインボード

サインボードや発言，ワークシートから評価する。

● 本時の指導

(1) 本時のねらい

葛藤するみそさざいの気持ちを話し合うことを通して，友達の立場で考える大切さに気づき，すすんでよりよい友達関係を築こうとする。

(2) 本時の展開

	主な学習活動	指導上の留意点・と評価☆
導入	1. 価値への方向づけを行う。 ○友達にやさしくされたことはあるか。 ・転んだときに一緒に保健室に行ってくれた。 ・一緒に遊ぼうって言ってくれた。	・身近な友達にやさしくされたことを思い起こし，よい友達のイメージを持たせ，ねらいとする価値への方向づけをする。
展開	2. 教材を読んで話し合う。 ○みそさざいが困っていることは何か。	・教材の最初から『小とりたちはみんな，うぐいすの うちへ とんで いきました。』までを読む。
	学習問題1　もし，自分がみそさざいだったらどちらに行くか。	
	3. 学習問題を話し合う。 うぐいすの家に行く理由とその気持ち ・音楽会の練習は前からの約束。 ・近くて，明るくて楽しそう。 ・練習に行かないと，うぐいすもさびしくなる。 やまがらの家に行く理由とその気持ち ・1羽ではかわいそう。 ・誕生日は1年に1度しかない。	・教材の前半のみを提示し，子どもに「この先どうなるのか」と疑問を抱かせ，主体的に考えるようにする。 ・「どちらに行くか」をワークシートに記入する。 ・学習問題1はのちの学習問題2「よい友達とは何か」へと発展させていく。 ・「両方の家に行く」という意見が出てきたら「両方の家に行くことはできない」と条件を設定する。こうすることで，それぞ

	・もし自分だったら誰も来ない誕生日は辛い。 ・1羽で寂しいやまがらを放っておけない。 迷う理由とその気持ち ・歌の稽古に行かないとみんなに迷惑をかける。 ・1人でいるやまがらも放っておけない。 ・どちらの家に行くとしても寂しい思いをする鳥が出てしまう。 ○より寂しい友達はどちらか。 ・やまがらのほうに行くけれど，次の日にうぐいすに謝るよ。 ・そのときは，きっとやまがらも一緒に来てくれる。	れの家に行く考えを明確にし，あいまいな方法論をなくしていく。その際，うぐいす，やまがら両方の家を用意し，役割演技を通して理解させていく。 ・問題を話し合うなかで，どちらか一方にしか行くことができないジレンマを理解させる。そこから，どう行動するかというだけでなく，「より寂しい人は誰か」「会いに行くことしか寂しさは救えないのか」と友達の立場に立って考える視点をつくり，「友達として何を大切に思うか」という心情へと話題を移し，学習問題2へと深めていく。
	学習問題2　よい友達とはどんな友達か。	
	・すごく困っているときに一緒にいてくれたらよい友達だよ。 ・悲しいときに話を聞いてくれたら，よい友達だ。 ・困っているときに助けてくれたらよい友達だけど，自分の気持ちを考えてくれるだけで，よい友達だと思う。	・導入で聞いた「友達にやさしくされたこと」とつなげて考えの深まりに気づかせる。 ・教材から得た「友達として大切なもの」という目から自分の経験を振り返らせていく。
	話し合いのキーワード 寂しい　放っておけない　もし自分だったら　1人ぼっち　本当に辛いのは　迷惑　どちらも友達	
	○「よい友達とはどのような友達か」をワークシートにまとめよう。	
終末	5．本時の学習を振り返り自分の考えをまとめる。 ○よりよい友達関係を築くために大切なことを見つめる。	☆子どもの考えを整理させる。 ・相手の話をよく聞こう。 ・友達が何かをしたいと思ったら真剣に考えよう。

● 授業の取り扱い説明書―問題解決的な授業のポイント― ●

板書計画

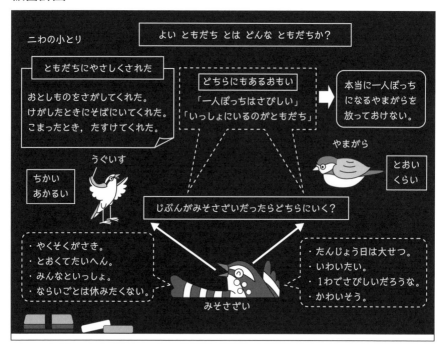

(1) 学習問題を設定しよう

「よい友達とは何か」は話題が大きすぎて，子どもが自分事として考えを深めることは難しい。そこで，学習問題を2段階で設定する。まず，教材の前半を提示し，「この先どうなるのか？」と話の先（みそさざいの行動）を考えさせることから学習問題1を設定する。自分がみそさざいだったら，どう解決の行動をとるか考えたり，疑問を引き出したりすることで，のちの学習問題2「よい友達とはどんな友達か」につなげていく。

(2) 問題解決に向けて動き，ねらいに迫ろう

子どもたちは学習問題1の「どちらの家に行ったらよいか」について，友達に対して「何ができるか」「相手を喜ばせ，安心させる方法は何か」

を考えるため,「やまがらの誕生日に行く」という意見が多く出ることが予想される。さらに教師が「音楽会の前に練習を休むと,うぐいすたちも困るし,寂しがるのではないか」と問い返すことによって,子どもを揺さぶる。すると,「両方の家に行く」「音楽会の練習をやまがらの家でする」といった折衷案による解決を図ろうとするが,教材からみそさざい以外の鳥たちはやまがらよりもうぐいすを優先させていることや,お互いの家の距離を考えて両方の家に行くことは不可能と条件を設定し,立場を明確にさせる。そうすることで,「どちらか一方に行くと,必ずもう片方が寂しい思いをする」と,解決することは難しいと気がつく。

　そこで,2つの立場に共通する「どちらも寂しい」というキーワードから,「①もし,行かなかったら,うぐいすとやまがらのどちらがより寂しい思いをするか?」「②会いに行くことしか寂しさを和らげる方法はないのか?」と視点を広げる。すると,「本当に1人ぼっちになるやまがらは放っておけない」「やまがらの家に行きながら,うぐいすたちのこともずっと思い続ける」「明日,必ずうぐいすたちに謝る。そのときはきっとやまがらも力になってくれる」と,どちらも心に留めようとする。

　その後は,学習問題2「よい友達とはどんな友達か?」について話し合う。導入で出された「友達によくしてもらったこと」の板書をもとに,生活場面と照らし合わせてワークシートに書かせる。「本当に困っているときにそばにいてくれる人や話を聞いてくれる人がよい友達」や「困っている自分の気持ちを考えてくれるだけで十分よい友達」と「よい友達」について,自分の言葉で考えを述べるだろう。それぞれの意見を聞くなかで,「よりよい友達」とは,心から相手の気持ちを考え,その気持ちをもとに行動することが大切ということに気づかせ,友達観を深める。

(3) 事後指導へのつなげ方（アイデア）

　友達の気持ちを考えて行動できた子に対して具体的に励ます機会を設ける。例えば,帰りの会で「友達によくしてもらったこと」を発表する。

ワークシート ☛ P159

● **実際の授業記録**

(1) 導入　価値への方向づけ

　話し合いの時間を確保するために，すばやく本題に入る。ここでは3名を指名し「友達にやさしくされたことはあるか？」とたずねたところ，「転んだときに，一緒に保健室に連れて行ってくれた」「落とした消しゴムを一緒に探してくれた」という体験が出された。こうした体験は，展開で自分のこととして考える際の手立てとなるので，黒板の端に板書した。

(2) 展開　問題設定と問題解決

　教材の前半を読み聞かせその後，「もし，自分がみそさざいだったらどちらに行きますか？」という問題を提示し，どちらに行くかをサインボードで一人一人に意思表示させた。

　Ｃ１：私はやまがらの家に行く。だって，誕生日は1年に1度だから。
　Ｃ２：ぼくはうぐいすの家だな。約束してたし，歌の練習は休めないよ。
　Ｃ３：ぼくはうぐいすの家に行ってからやまがらの家に行くな。

　全体ではＣ１の意見が多かった。Ｃ３の「両方に行く」という意見が出たところで，教師が「両方に行くことは遠いから難しいよ」と条件を設定した。

　教材をもう一度読み返し，「小鳥たちはみんなうぐいすの家に飛んで行ってしまった」の言葉に注目することで，場面を想像し，紙で作ったやまがらとうぐいすの家を教室に設置して，役割演技をすることで両方の家に行くことの難しさをより具体的に理解させていった。

　うぐいすかやまがら，どちらの家に行くか意見を一通り伝え合った後，
　Ｔ：やまがらのお誕生日に行ったら，うぐいすたちはどう思うか？
　Ｔ：うぐいすの家に行ったら，1人ぼっちのやまがらはどう思うか？
と教師が問い返し，異なる意見の中に共通するキーワード「一方に行くともう一方が寂しい思いをする」という言葉を引き出した。

　こうして，学習問題1の「どちらに行くか？」では，どちらを選んでも

どちらかが寂しい思いをすることが明らかになった。そこで教師が「より寂しいのは，うぐいすとやまがらのどちらだろうか？」と切り返し，ペアで対話をさせた後に発表をさせた。

　Ｃ４：もし，自分がうぐいすでも寂しいけれど，やまがらだったら耐えられないほど寂しいからやまがらは放っておけない。
　Ｃ５：やまがらの家に行っているときも，うぐいすたちのことを考え続けながら行くと思うな。
　Ｃ６：明日，必ずうぐいすたちに心から謝ろう。でも，理由を話せばわかってくれると思うし，そのときは，やまがらも来てくれるはずだ。

　子どもたちの話題は，うぐいすとやまがらの両方の寂しさについて考えながらも，「より放っておけないほど困っている友達に寄り添うことがよい友達なのではないか」へと移っていった。そこで，「今，考えていることはこういうことだよね」と学習問題２を設定し，「よい友達とはどんな友達か」についてワークシートに書かせた。

　Ｃ７：自分が１対20くらいでいじめられていて，本当に困っているとき，自分をかばって励ましてくれるのが，本当の友達だと思った。

　このように授業のはじめに出された「仲良くする」という友達観から「本当に困っているときに助けてくれたり，離れていても友達のことを思い続けたりする人がよい友達である」と考えが変化している様子が見えた。

(3)　終末　これからの生活へつなげる

　最後に再び，同時に２つの約束事を抱え，どちらか一方にしか行けない場合はどうしたらよいかをたずねた。すると，「自分の気持ちをしっかり伝える」「お母さんに相談する」「行かなかったほうに，『ごめん』と心をこめて言う」など，友達を見つめた行動の仕方が発表された。相手のことを考えて，自分の考えを上手に伝えることの大切さに気づいたようである。

2 低学年（1年生）

教材 ろばを売りに行く親子

内容項目 節度・節制，善悪の判断・自律

杉本 遼

問題解決的な授業デザイン！

前半部分では，「この親子にはどんな問題がある」かを問い，「自分がこの親子なら，どうするか」，つまり，「言われた通りにする」「しない」の立場で理由を話し合う。また後半部分では，ろばを失わないためには「親子は，どうすればよかったか」最善解を求めて解決策を見いだしていく。そこでは，「素直」を受け入れるよさと自分で判断する必要性に気づかせる。

● 主題および教材

(1) **授業の主題**：素直に生きるとは？

自ら考え行動することは，自己を確立し，よりよい社会集団を形成していくために大切なことである。そのためには，自分の置かれた状況について思慮深く考え，判断していかなければならない。他者の意見を素直に受け入れるよさをふまえながら，自分で考えて行動することの必要性についても考えていくことで，自他の思い，願い，幸せのバランスを考え，自律的に行動する道徳性を養っていく。

(2) **教材名**：「ろばを売りに行く親子」

出典：作　編集委員会，『どうとく　3年』光村図書

あらすじ：ろばを売りに行く親子が，売りに行く途中さまざまな人の言われた通りに行動し，最終的にはろばの足をしばり，ぶら下げて2人で担ぐが，あばれたろばを川に落としてしまう。

● 定番教材をこう使う！

(1) 学習問題は何か？

　大人の言うことに「なぜ，そのようにしなければいけないのか」と反発して叱られた体験から，低学年では，言われたことには素直に従うという価値を持っている。実際に，言われた通りに行動することで，うまくいった経験もしているであろう。いっぽう，何も考えずに言われた通りに行動して，失敗したという経験もあるはずである。

　本教材では，このような子どもたちの日常の体験と関連づけながら，通りかかる人たちに言われたことに対して「自分だったらどうするか？」「言われた通りにするか・しないか」という「問い」を引き出し，学習問題とする。

　教材の後半を提示する場面では，ろばを失わないためには親子が「どうすればよかったのか」「周りの人にどう言うことができたか」を考え，よりよい解決策を見いだしていく。

(2) 指導の工夫

①はじめに教材の前半を提示する。「自分だったらどうするか」と考えることで，他の人と考え方を比べたり，共通点や相違点を見いだしたりして，自分の考えをつくる場とする。

②素直に受け入れることのよさ，自分で考え判断することの大切さの両方に気づくことができるように，「言われた通りにする」「言われた通りにしない」の２つ立場に子どもを分け，話し合いを進める。

③子ども対教師の役割演技を通して，意見を言ってくれた人に，どのように接するかを検討する。

(3) 評価のポイント

　「言われた通りにするか・しないか」を議論し，よりよい解決策を見い出していく過程で，多面的・多角的に捉えているか，発言やワークシートの記述の変化から評価していく。

● **本時の指導**

(1) **本時のねらい**
・ろばを売りに行く親子の姿から、他者からの意見やアドバイスをどう受け止め、どう行動していくか、自分の考えを持つ。
・置かれた状況に照らして自分のとるべき行動を考えるとともに、自分のことも相手のこともよく考えて行動する大切さに気づくことができる。

(2) **本時の展開**

主な学習活動	指導上の留意点・と評価☆
1. 絵を見て、問題意識を高める。 ○この子をどう思うか。 ・言われたことを素直に聞いて守っていてえらい。 ・こんなことあるよね。 ・いいこと？　だめなこと？	・考え方のずれを生み出し、自分の問題として話し合うことができるように、素直に人の言うことを受け入れている絵や「友達に言われたから」と言い訳をしている様子の絵を提示する。
「素直」について考えよう。	
2. 教材前半を読み、学習問題を設定する。 ○親子には、どんな問題があるか。 ・言われた通りにしすぎている。 ・ろばを担ぐなんて変。	・男に「ろばを担げ」と言われる場面までを提示し、教材の問題点を浮き彫りにする。 ・ペアで話し合い、問題を共有し全体の問題として設定する。
学習問題　自分がこの親子なら、どうするか。	
○自分が親子だったらどうするか。 言う通りにする ・人に言われたことは守らなければいけない。 ・素直に聞くことは大事。	・思考の立ち位置を明確にできるようワークシートに書かせたうえで、ネームプレートを黒板のスケール上に貼らせる。

言う通りにしない ・言われた通りにするだけではいけない。 ・自分で考えることは大事。 悩む ・断れば，言ってくれた人が傷つくかもしれない。 ・どう断ればいいか悩む。	・言う通りにする，しないに対し「どうなるか」と解決策の結果を考えさせる。 ・子どもから出された話し合いのキーワードを問い返し，考えを深めていく。 ☆「言う通りにする・しない」に対して，自分の立場を明確にして考えることができたか。

```
        話し合いのキーワード
ばかな親子　なるほどそうだ
素直に聞くことは大事　自分で考えることは大事
```

3．教材後半を読み，よりよい解決策を考える。 ○親子は，どうすればよかったか。 ・自分で考えなければいけない。 ・傷つかないように断る。	・出された意見を子ども対教師の役割演技を通して，意見を言ってくれた人に対し，どのように接するかを検討する。 ・役割演技を見ている側には，「何を大切にしていたか」と問い，よりよい解決策を見いだしていくことができるようにする。
4．大切だと思ったことや気づいたことをまとめる。 ・素直に聞くことは大事だけれど，自分でも考えないといけない。 ・素直に聞いたときに，自分の考えになる。人の責任ではない。自分の行動だから。	・「今日大切だと思ったことが，今後の自分のどのような場面で生かせそうか」と問い，子どもの日常生活に結びつけていく。 ☆日常生活と関連させながら，自分の行動に対し，自分の考えを持つことができたか。

低学年

● **授業の取り扱い説明書**―問題解決的な授業のポイント― ●

板書計画

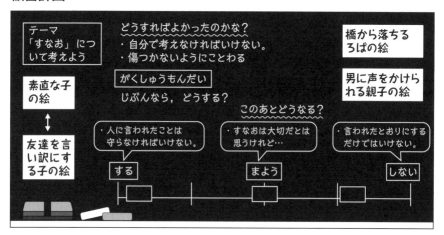

(1) 学習問題を設定しよう

①導入として，人の言うことを素直に受け入ている人の絵と，言われたことに対して悩んでいる人の絵を提示し，問題意識を高める。

②教材の前半部分（ろばを担げと言われる場面まで）を提示し，「親子が困っていること」は何かを問いかけ，学習問題「自分がこの親子だったらどうするか」を設定する。

③「言われた通りにする」「言われた通りにしない」の2つの立場に対して，自分の考えをワークシートに書き，黒板のスケール上に自分のネームプレートを貼る。

④訪ね歩きや，ペアでの話し合いの時間を設定し，自分の考えの理由について意見を深め，話し合いの土台とする。

⑤クラス全体で，「言われた通りにするか・しないか」について，それぞれの立場から理由を話し合う。

⑥言う通りにした場合，しない場合に，それぞれ「どうなるか」と，解決策の結果を考察する。

⑦「素直に聞くことは大事」や「自分で考えることは大事」など，子どもから出された話し合いのキーワードを問い返し，考えを深めていく。
⑧2つの立場の理由を共感的に受け止め，素直に聞くことと判断すること，両方の大切さに気づかせる。

(2) **問題解決に向けて動き，ねらいに迫ろう**
①教材の後半部分を提示し，ろばを失わないために「親子はどうすればよかったのか」と投げかける。
②「どうすればよいか」という最善解を求めて，親子の行動について，全体で話し合いを深めていく。
③出された意見（方法やセリフ）を，子どもと教師の役割演技を通して検討する。いくつかの立場からよりよい行動を探り，解決策を広めていく。
④役割演技を見ている側に，この行動は「何を大切にしていたか」と問うことで，よりよい解決策を創造的に見いだしていくことができるようにする。
⑤「どちらがよいか」から「なぜそうするのか」へと中心の話題を移行させ，物語の場面以外にも，多面的・多角的な視点で議論を深めていく。
⑥大切だと思ったことや気づいたことをワークシートにまとめる。「今後の自分の生活に，どのような場面で生かせそうか」と投げかけることで，日常生活に結びつけさせていく。

(3) **事後指導へのつなげ方（アイデア）**
・実践活動「1秒考えて行動してみよう」
　子どもの持った問題解決策をもとに，授業後に実践活動を行う。例えば1週間，帰りの会で，「よく考えて行動することができたか」を視点に学校生活を振り返り，自分の行動を毎日記録していく。
　1週間後，自分の行動はどうであったかを話し合う時間を設定し，どのような理由で成功したか，どのような理由で失敗したかを検討していく。その後，これまでの道徳的実践は10点満点中何点で自己評価させる。そして，今後あと1点増やすにはどうすればいいかを考える。

ワークシート☞P160

3 低学年（1年生）

教材 きんいろのクレヨン

内容項目 正直, 誠実

杉本 遼

問題解決的な授業デザイン！

　この教材は，小学校低学年という発達段階において，「正直であることのよさ・難しさ」を考えていくが，問題解決的な授業として，自己中心性から社会化を図る第一歩となるものである。授業構成は，他人の物を壊してしまったときに，「自分ならどうするか」という問いを用意し，自分の立場を明確にしてその理由，解決策を考えていく。そのなかで「正直」について多様な考えを引き出し，子どもは自分の価値観を育んでいくことができる。

● 主題および教材

(1) **授業の主題**：正直であることのよさ

　低学年では，失敗を他者から叱られたり笑われたりすることから逃げようと，うそを言ったりごまかしたりすることが少なくない。正直に言ったらどうなるか，うそを言ったりごまかしたりしたらどうなるかを考察していくことで，「すぐに謝ることのよさ」や「失敗を責めないよさ」など，素直な明るい心で楽しく生活していくことの大切さに結びつけていきたい。

(2) **教材名**：「きんいろのクレヨン」

出典：作　後藤楢根，『１ねんせいのどうとく』文渓堂

あらすじ：のぼるは，とみこの大切にしていた金色のクレヨンを折ってしまい，そのことをとみこに言うか，言わないかで悩む。しかし，とみこに声をかけられたことで，謝ることができた。

● 定番教材をこう使う！

(1) 学習問題は何か？

　他人の物を壊してしまうという経験は，日常生活で誰しもが体験したことがあるだろう。本教材の前半（とみこが帰ってくる前まで）では，折ってしまったクレヨンについて悩むのぼるに対し，自分の身近な体験と関連づけ，「自分がのぼるならどうするか」を学習問題とする。正直であろうとする自分と，正直にできないこともある自分の中に生じる問題である。

　のぼるが正直に謝ることができた本教材後半では，「2人がどんなことを話したか」役割演技をする。

(2) 指導の工夫

①生活上の自分の行動と教材を関連づけて考えていくことができるように，導入では「『悪かったな』と思ったことはあるか？」と投げかけ，のぼると似た経験を想起させる。

②教材の前半の問題場面と後半の解決場面を分けて提示することで，問題を見いだし，話し合う必然性を生むことができるようにする。

③「自分ならどうするか」の問いに対し，「言う」「言わない」「迷う」の立場に分かれて話し合いを進める。「迷う」の意見から，正直でいる難しさについても考えることができるようにする。

④自分の言葉で解決方法を考えることができるように，教材の後半場面でのぼるととみこの言葉を空欄にしておく。役割演技をしながら，よりよい解決法が見つかるように話し合う。

⑤子どもから出てきた「わざとではない」や「正直に話してくれた」，のぼるがもう一度謝った「ごめんね」などのキーワードを発問や切り返しに使うことで，ねらいに迫っていく。

(3) 評価のポイント

　クレヨンを折ったことを「言うか，言わないか」という行動を問題としながら，正直であることのよさや難しさ，ごまかしをしない心の強さにつ

いて，気づきを捉える。また，友達の意見を聞いたり，役割演技を見たりしながら，自分の考えを持つことができたか，発言やマークシートから評価する。

● 本時の指導

(1) 本時のねらい
・うそやごまかしをせずに，正直に行動することの大切さに気づく。
・謝りたいのに謝れない自分に向き合い，自分の失敗に気づいたとき，友達の失敗への対応などをもとに，自分の考えを持つことができる。

(2) 本時の展開

主な学習活動	指導上の留意点・と評価☆
1．悪かったなと思った経験を想起する。 ○「悪かったな」と思ったことはあるか。 ・廊下を走って，叱られた。 ○失敗したときどんな気持ちになるか。 ・謝らないと⇔怒られる。	・経験を想起させることで，自分の生活と教材を関連づけて考えていくことができるようにする。 ・失敗したときの思いを想起させることで，考え方のずれを生ませる。 ・子どもが，テーマ設定することで，話し合いを焦点化する。
「正直」について考えよう。	
2．教材の前半を読み，学習問題を設定する。 ○のぼるは何に困っているか。 ・クレヨンを折ったことを言うか言わないかを悩んでいる。	・教材の前半の問題場面と後半の解決場面を分けて提示することで，自分の問題を見いだし，話し合う必然性を生む。
学習問題　自分なら，どうするか。	

○自分がのぼるだったらどうするか。 言う ・自分が失敗したら，反省するべき。 言わない ・言ったら，嫌われてしまうかも。 迷う・ほかの方法 ・言わないといけないけれど。 ・ばれたら言えばいい。 ・言い方を考える。 3．教材の後半を読み，問題解決策について話し合う。 ○2人はどんな話をしたか。 のぼる ・大切にしているクレヨンを折ってしまってごめんね。 とみこ ・わざとじゃないからいいよ。 ・言ってくれてありがとう。 大切にしていたこと ・言い訳をせずに謝っていた。 ・謝ってくれたから，やさしく許していた。	・一人一人の思考の立ち位置がわかるネームプレートをスケール上に貼らせる。 ・「自分がされてもいいか（可逆性）」や「そうすることで自分はどんな気持ちになるか（結果）」など，多面的に考えられるよう問い返し，謝る・謝らない場合を比較させていく。 ☆「言うか，言わないか」自分の立場を明確にして考えたか。 ・教材の後半場面での2人の言葉を空欄にして提示する。 ・役割演技を取り入れる。教師対子どもでのモデルを示したうえで，子ども対子どもでの学習形態へと変化させていく。 ・役割演技を見る側には「なぜ謝ったほうがいいのか」「なぜそのような言い方をしたか」と問い，よりよい解決策を見いださせていく。 ・話し合いのキーワードや経験を問い返し，考えを深めていく。

話し合いのキーワード

わざとではない　大切にしている物　正直に　もう一度謝った

4．大切だと思ったことや気づいたことを話し合う。 ・難しいと思うこともあるけれど失敗したときは反省する。 ・謝らないとすっきりしない。	☆日常生活と関連させながら，自分の失敗に気づいたとき，友達の失敗への対応などに対し，自分の考えを持つことができたか。

低学年

授業の取り扱い説明書 ―問題解決的な授業のポイント―

板書計画

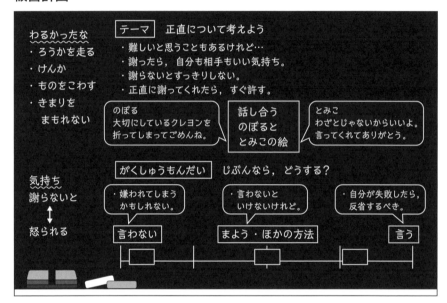

(1) 学習問題を設定しよう

①導入で子どもに,「悪かったなと思ったことはありますか?」と投げかけ,のぼると似た経験を想起させる。自分の生活と関連づけて「こんなときどうすればいいのだろう」と問題意識を高める。

②まず教材の前半部分のみを提示して,「のぼるが困っているのは何か」と問いかけ,「自分ならどうするか」という学習問題を設定する。

③教材の後半を2人の言葉を空欄にして提示することで,解決場面での2人の会話を自ら考えたくなるようにする。

④教材後半の解決場面での2人の会話を想像し,役割演技を通して話し合うことで,よりよい解決策を考えていくことができるようにする。

(2) 問題解決に向けて動き,ねらいに迫ろう

①「言う」「言わない」「迷う・ほかの方法」の3つから意見を選び,理由

をワークシートに書かせたうえで,スケール上にネームプレートを貼らせる。自分の立場を明確にもつことができるようにする。
② 「迷う・ほかの方法」の理由から,言う・言わない以外にも多様な考えを引き出し,正直に言うことの難しさについても話し合うようにする。
③ さまざまな意見について,「もし,自分がそうされたらどうか?(可逆性)」「言わなかったらどうなるか?(結果の考察)」など,視点を変えて教師が問いかけ,子どもが多面的に考えることができるようにする。
④ 役割演技では,はじめにモデルとして教師対子どもで行う。次に,解決策を考えるために,子ども対子どもの役割演技を見る。
⑤ ペアでの役割演技を見た後,教師は「なぜ,のぼるは謝ったのか?」「どうして,とみこは許すことができたか?」など行動の理由を問い,さらに「わざとではない」「大切にしている物」など話し合いのキーワードを用いて問い返していくことで,正直であることのよさに迫っていく。
⑥ 今日の学習を通して,「大切だと思ったこと,新しく気づいたこと」をワークシートにまとめる。
⑦ 導入の「悪かったなと思った経験」と結びつけ,これからの生活への生かし方を考えることができるようにする。
⑧ 「大切だと思ったこと,新しく気づいたこと」を紹介し合い,正直でいる難しさを乗り越え,実践しようとする意欲を高める。

(3) 事後指導へのつなげ方(アイデア)

・正直をテーマに日記を書いてみよう
　本学級では,テーマ日記を書き,班ごとに交換し読み合う活動を設定している。授業後の日記のテーマを「正直について考えていること」にし,「正直」について行動を見つめ直すことや考えの交流につなげていく。
・帰りの会での振り返り活動
　帰りの会での「いいこと見つけ」の活動で,「正直」や「素直」を視点に友達のいいところを見つけた子どもを,「学習したことが生きているね」と称賛し,生活につなげていく。

ワークシート ☛ P161

4 中学年（3年生）

教材
ないた赤おに

内容項目 友情，信頼

星　直樹

問題解決的な授業デザイン！

　共感資料としても十分価値のある有名な作品である。問題解決的な授業構成としては，「何が問題なのか」を話し合い，「２人はなぜ離ればなれになったのか，どうすればよかったのか」と問い，そこから，「本当の友達とは？」というねらいに迫るのが基本である。本実践では，別れた原因・理由・解決策を探ることによって，自分と照らし合わせることでねらいに迫っている。

● 主題および教材

(1)　**授業の主題**：友と築く絆

　「仲よく遊べる子が友達」と考えがちな中学年の時期に，赤おに，青おにをよき友達の１つのモデルとして，「本当の友達」について話し合うことを通して，友達と互いに協力し助け合う関係に加え，友達を信じ続けることで築かれる強い友情関係があることに気づかせる。

(2)　**教材名**：「ないた赤おに」

出典：作　浜田広介（はまだ ひろすけ），『３年生のどうとく』文渓堂

あらすじ：人間と仲よくなりたい赤おには，村を襲う青おにを退治し人気を得るが，離ればなれになってはじめて，本当に信じられる友達は青おにであったことに気づく。

● 定番教材をこう使う！

(1) 学習問題は何か？

本教材のテーマは，「本当の友達とはどんな人なのか？」である。赤おにと青おにが互いに心を惹かれながらも離ればなれになってしまったことから，「2人はなぜ離ればなれになったのか？」という学習問題1をまずつくり，次に，話し合いの中で出てくる2人の考えのズレから，「本当の友達はどのような人か？」という学習問題2へと発展させていく。

(2) 指導の工夫

・作品の世界に浸れるよう，事前にゆっくりと読む時間を設ける。
・赤おに，青おにの役を決め，手紙を読んだ晩の日記をそれぞれに書かせておく。それを，本時の話し合いの材料として用いる。
・物語の流れを板書にして押さえておく。みんなが拠って立つ土台とし，自分の意見を次々に語り合うオープンな雰囲気をつくる。
・教材を生かし，赤おにのよさや足りない点，青おにのすばらしさを学び，自分の友達観をつくる材料としていく。

(3) 評価のポイント

授業の発言や反応などを材料とするが，ポイントは，学習問題1から2へと移行する場面である。教材の問題を自分の友達観の問題に変換し，考えることができたかをみる。授業後には，本時に学んだことを書かせ，一人一人の中での友達観の変容を見取る。また，事前に書かせた日記から資料を共感的に捉えられたかも参考にし，考えをつくる過程を評価していく。

● 本時の指導

(1) 本時のねらい

離ればなれになってしまった赤おにと青おにから，よき友達について考え，判断する態度を育てる。

(2) 本時の展開

主な学習活動	指導上の留意点・と評価☆
1．導入「友達とできること」には，どんなことがあるか。	自分の友達観を確かめ，ねらいへの関心を高める。
2．資料を読み，問題をつくる。 ○日記を発表する。 赤おに ・ぼくのせいだ！ 青おに ・人間と幸せでいてほしいが，やはり赤おにに会いたい。	・事前に書いた日記を発表させ，心を通わせても別れた2人から，「なぜ」という問いを引き出し，学習問題1をつくる。 ☆疑問から問題を持てたか。
学習問題1　2人はなぜ離ればなれになったのか。どうすればよかったか。	
○学習問題を話し合う。 ・赤おにが，人間のことに夢中にならなければよかった。 ・青おにが，「そんなの簡単さ」と言ったとき，断ればよかった。 ・青おにも旅に出なくてもよかった。そこまで自分を犠牲にしなくてもいい。 《補助発問》 ●赤おにヘ，なぜ人と仲よくしたいと思ったか？ ●赤おにが作戦を断ったら，青おにはどうしたか？ ●青おにヘ，手紙を出すとき逃げずにいられるか？	・板書に赤おにと青おにの心の動きを矢印で表し，整理する。 ・赤おにの反省や青おにの行きすぎた点などを話題とし，左記のような補助発問をすることで，2人の立場を両方から考えたり，もし〜だったらと仮定的に考えたりして多面的に物事を捉えさせる。その際，キーワードを生かして話し合わせる。 ・互いの考えのズレを引き出し，自分の学習問題へと変えていく。特に，青おにに話題を絞ると，自分の友達観とのズレが見つかる。

●青おにのように自分を犠牲にしてまで友達を思う必要はあるか？	☆別れてしまった原因について考え，自分の意見が持てたか。

学習問題2　本当の友達とはどんな人だろうか。	
◎本当の友達とはどんな人？ ・どんなときも相談に乗れる人 ・友達の考えて行動し，よい思い出が一緒につくれる人。 ・友達のことをずっと考え，信じてつきあう人。 ・よいことも悪いことも，大事なことを教えてくれる人。 ●今，2人ができることは何か？ ・離れていても，友達をずっと思うこと。 ●青おにが何も言わずに赤おにつくせたのはなぜか？ ・赤おにはわかると信じていた。 ●手紙を読み，赤おには何に気づいたか？ ・信頼できる人こそ本当の友達。	・話題を「資料での疑問」から「自分の友達観」へと移行させ，ねらいへと迫っていく。 ・手紙を読んだときの赤おにや殴られているときの青おにの気持ちを考えたり，導入での「友達とできること」に付け加えをしたりしながら，「相手の立場をじっくりと考える」「友達の自分を思う気持ちを大事に協力する」「きっとわかってくれると信じる」などの新たな視点を付け加えながら，自分の友達観をつくり上げていく。 ☆最初の考えと比べながら，信じ合う友達関係に気づくことで，友達観を深められたか。

```
----------------- 話し合いのキーワード -----------------
 素直な  いつも  とんでもない  そんなことかい  うまい
 だめだい  少しもさびしい  一つぽかん  マジメニ
 ツマラナイ  ワスレマイ  二度も三度も  しくしく
------------------------------------------------------
```

3．今日の学習を振り返る。 ○学んだことをまとめよう。	・ワークシートに考えを書く。 ☆自分の友達についての考えを見つめ，深められたか。

● **授業の取り扱い説明書**―問題解決的な授業のポイント― ●

板書計画

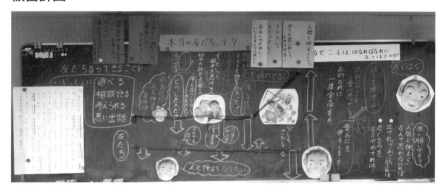

※「仲よしの2人」⇒「怒る赤おに」⇒「相談する2人」⇒「大暴れ」⇒「青おにの手紙」と場面を分け，2人が誰に気持ちを向けているかを矢印で図示する。2人の気持ちを最後に離れる2つの線で示したことで，学習問題もよくわかったようだ。

(1) **学習問題を設定しよう**

子どもたちが書いてきた日記を数名に読ませ，内容を板書する。赤おに側からは「後悔の念」が，青おに側からは「赤おにを思いながらも，やっぱり会いたい」という赤おにを慕う思いが生まれてくるだろう。この互いに引き合う気持ちと結果を比べることで，「なぜ2人は離ればなれになってしまったのか？」という1つめの学習問題をつくっていく。

さらに，反省ばかりでは問題は解決しないことに目を向け，「本当の友達とはどんな人だろうか？」という子どもに寄り添った学習問題2へと発展させ，ねらいに迫っていく。

導入として，「友達とできることは何か？」とはじめに子どもたちに軽く問いかけておく。ここで出た意見と後の考えとを比べるためである。

(2) **問題解決に向けて動き，ねらいに迫ろう**

学習問題1では，子どもたちの多くが，赤おにの言動を振り返り，意

見を出すと思われるが、大半は赤おにの反省になる。「あんな作戦をやるんじゃなかった。青おにを悪いおににして、村にいれなくしてしまった」「ぽかぽか殴るんじゃなかった。ひどいことばかりしてしまった」などの意見に対して、教師は「青おにもそれを望んだのではないか」と切り返すようにする。すると、よき友達と映っていた青おにの姿に「なぜ?」が生まれ、「青おには、もっと自分のことを考えたほうがよい」などの自己犠牲への疑問も生じてくる。このように、赤おにと青おにの双方に、「友達としてどうなのか?」という疑問が見つかることで、子どもたちの話題は、2人が離れた理由から、よき友達とは何かへと移っていく。こうして2つめの学習問題「本当の友達とはどんな人だろうか?」がつくり上げられる。

　ここまでくると、自分の持っていた友達観が揺らぐだけに、学習問題は子どもにとってより切実で自分に近い課題になるはずである。「いつも相手を忘れない人がよい友達だと思う」「どんなときも、話をきちんと聞いてくれるのが本当の友達だ」など、さまざまな意見が出るだろう。

　このときこそ教材に立ち返り、文中のキーワードを考えるヒントとしていきたい。青おにが、「そんなことかい」といかにも当たり前のように赤おにの相談にのるなど、友達のためにつくし、信じようとする姿。また、赤おにが最後に手紙を読み、青おにこそ信じ合える友だったことに気づく姿などから、友達観を深めていくことができる。

　終末では、本時の最初に問いかけた「友達とできること」に立ち返り、「最後の手紙の場面で、赤おにと青おにができることは?」と問いかけることも、考えを深める視点づくりになるだろう。最後に「今日学んだこと」として一人一人が考えを整理する時間を設け、学習を閉じる。

(3) 事後指導へのつなげ方(アイデア)

　友達週間などを学級で設け、友達関係を広げるのもいい。また、日記などをしていたら、「友達のよさ」を日々見つけ合うこともできる。国語などと関連し、友達に関する詩などを紹介し合うのも生活につながる。

ワークシート ☞ P162

● 実際の授業記録

　事前に書いた日記では，赤おにからは，「青おにを忘れない」「悲しい」のほか，「青おにを犠牲にしてしまった」という考えが発表された。青おにからは，「赤おにのためになれてうれしい」「人間と仲よくして」と応援する声の裏に，「やっぱり戻りたい」「会いたい」という思いも語られた。

　子どもたちに，この2つの日記を見て考えたいことをたずねたところ，「2人はとてもやさしいのに，なんで離ればなれになったのかな？」という発言に多くの反応があり，学習問題1となった。

　話し合いに入る前に，安心して語り合うオープンな雰囲気をつくるためにも，あらすじを図に示して共通理解した。すると，青おには最後の場面に至るまで赤おにのことを思い続けるが，赤おには人間のことばかり考えている様子が浮き彫りになり，考えるときに拠って立つ土台となった。

　学習問題1の話し合いでは，まず赤おにの行動について意見が出された。
C：赤おにが立て札を壊すほど怒らなければ，青おにが心配することもなく，こんな結果にならなかったと思う。
C：村で暴れたときに，そんなに激しく叩かなければ，青おには旅に行かなかったかもしれない。

　これに対して，たとえ立て札を壊さなくても，青おには，赤おにの人間と仲よくなりたいという願いを叶えたはずだし，村では本気で見せなければ村人が信用しないと反論があり，「青おにの赤おにを強く思う心」が浮き彫りになった。また，「青おにが黙って行かなければよかった」という意見も出たが，「村人に信用させるために，いられるわけがない」こともわかり，青おにのあふれ出る友情をさらに確かめることになった。

　「青おにが理想の友達」という思いが膨らんできたが，次のようなやりとりが新しい学習問題への道をつくった。
C：赤おにには，悪気はなかったが，青おにを利用してしまった。だから，友達ではいられなくなった。

実践編

C：それは違うよ。だって，誘ったのは青おにだよ。「使ってよ」と言っているのも同じだ。この作戦をつくったのは青おになんだから。

こうして，この悲劇を生み出したのは青おにである可能性に気づくと，「よき友達」とされた青おにに，「本当か？」と疑いがかかったことで，子どもたちが「ん〜」と頭を抱え，深く悩む場面が訪れた。

そこで，教師が次のような働きかけをした。

T：悩んでいるね。みんなは話題を変えてきたんだよ。「なぜ別れてしまったのか？」と原因を考えてきたけど，今，悩んでいることは？

C：誰がよい友達なのかが，わからなくなってきた。

T：では，学習問題を「本当の友達はどんな人なのか」としたらいいかな？

C：そう！（大勢のうなずき）

こうして，学習問題2が設定され，話し合いでは「すべてを話し合える人が本当の友達」という意見が賛同を集めたが，まだイメージはぼんやりとしている。ここで1人の子が友達像を絞り込む意見を言った。

C：青おにだって，本当は自分をわかってほしいと思っているはず。だから青おにには正直だと言い切れなくて，もっと正直になったほうがいいよ。

これをきっかけに教材へ戻り，「青おにも『わかって！』と言いたかったのか？」についてキーワードを探っていく。わかってきたのは，「青おには，赤おにを信じているから何も言わず旅に出た」「だから，青おにこそ信頼できる友達だった」という点であった。離ればなれになったけれど，赤おにも青おにの信頼に気づき，2人は心を通わせた！だから，互いにわかり合い助け合っていけば，その先には，「信じ合える」「信頼できる」友達関係がつくれそうだ！という気づきが生まれた。

授業始めに問うた「友達とできること」では，遊ぶことのほかに「一緒に考えられる」「思い出がつくれる」など3年ならではの考えもみられたが，授業の最後に書いた「今日学んだこと」のワークシートでは，「信頼」という言葉が多く見られ，「互いに相手のことを思い続けるのが，よき友達」という意見も多数見られた。

中学年

5 中学年（3年生）

教材　まどガラスと魚

内容項目 正直・誠実，勇気

星　直樹

問題解決的な授業デザイン！

「自分ならどうするか」という問いを設定し，「謝る」か「謝らない」かで理由をつけて議論する。さらに「正直，誠実」はわかっていても，「謝りたいけど謝れない」という理由から，ずるさ，臆病さを克服する「勇気」の大切さにも気づかせたい。また，その勇気をどのように行動して発揮するのか自分のできることを考えることも大事である。

● 主題および教材

(1) **授業の主題**：明るく，元気な心で

　小学校中学年は，自我が強まり素直に考える反面，思いとは異なる行動をする時期でもある。具体的な行動の中から，正直である難しさと正しさを見つめさせたい。「謝りたいけど謝れない自分」に対してどう考え，どう取り組むのか？　具体的な行為も含め，考えさせていく。

(2) **教材名**：「まどガラスと魚」

出典：作　奈街三郎（なまちさぶろう），『3年生のどうとく』文渓堂

あらすじ：窓ガラスを割り逃げてしまった進一郎が，謝れない自分に悩むが，近所のお姉さんのよき行為を見て，過ちを素直に見つめていく。

定番教材をこう使う！

(1) 学習問題は何か？

　不注意から起こした「ガラスの破損」という過ちにどう向き合うか？が学習問題である。ばれなくて「よかったね」と思えない自分，「はっとして」「心が重く」というような後悔の念，「（割ったのは）だれだ！」という心に刺さる言葉など，教材が読み手に迫ってくるキーワードを生かし話し合うことで，ねらいへと迫っていく。

(2) 指導の工夫

　教材をすべて提示するのではなく，以下のように３つに分ける。
　①進一郎がガラスを割ったが，謝れない場面
　②お姉さんが魚を取った猫の件を謝る場面
　③おじさんに謝る場面

　始めに①部分のみを提示し，「考える問題は何か」と問いかけ，学習問題をつくる。次に，話し合いの場で，「よりよい行動」を考えるヒントとして②を使っていく。③は最後に提示し，道徳的価値への考えを深める材料とする。このように，葛藤場面，価値づけの場面などを切り出すことで，話し合いの話題を明確にし，考えを深める手立てとする。

　直線の両端に「謝る」「謝らない」と書き，直線上に名札を貼ることで，自分の考えを表しながら話し合う。そして，同じ立場同士，理由を聞き合う場をつくることで，同じ行動でも理由にはいろいろな考えがあることに気づかせ，行動だけでなく，それを支える考えや心情こそ大切であることに気づかせる。

(3) 評価のポイント

　「謝りたいけど謝れない」という点で，「正直，誠実」に気づくだけでなく，「ずるさ」「臆病さ」を克服する「勇気」の大切さに気づいているか，発言やワークシートで評価していく。

　また，自分の生活に生かそうとしているかをワークシートから評価する。

● **本時の指導**

(1) **本時のねらい**

正直，誠実さに気づくとともに，それを発揮する勇気の大切さに気づき，よりよく生きるために自分の生活を見つめる。

(2) **本時の展開**

主な学習活動	指導上の留意点・と評価☆
1. うそがつきたいときは，どんなときか。	・生活経験を思い出しねらいをつかむ場とする。
2. 教材を読み，問題をつくる ○考える問題は何か。	・感想や疑問から子どもの言葉で学習問題をつくっていく。
学習問題　自分が進一郎なら，どうしたらよいだろうか。	
3. 学習問題を話し合う。 ○自分だったら，どうするか。 謝らない ・黙っていればわからない。 ・ぼくだけが悪いのではない。 謝れない ・「だれだ」の文字を見て怖い。 ・1人では謝れない。 ・時間が経ち，もっと怒ってる。 謝る ・このままでは，ずっと嫌な気分が続くから，謝る。 ・悪いことをしたから当然だ。	☆学習問題について，考えがを持てたか。 ・ワークシートに書く。 ・最初の経験と結び，「自分なら」と問題を捉えさせる。 ・「謝らない」という考えが出てこない場合は，圭祐の行動として設定する。 ・「謝らない」「謝る」の双方の意見を聞き，「キーワード」を中心に共通点を話題とし，「正直な心」を見つめていく。 ・自分の考えを名札の位置で表し，必要に応じて修正する。 ☆どう行動するか，意見を持ち，伝えたり聞けたりしたか。

> 話し合いのキーワード
> 逃げちゃいけない　よかったね　大きなあな　圭祐
> 心の中で叫び　心がしめり　ぼくだけじゃない

○「お姉さんと魚の話」を聞きましょう。
・お姉さんのように一生懸命に謝れば許してもらえる。
・「よかったわ」という言葉が，正直でいられた喜びだと思う。

4．後半の話を聞き，「正直」「勇気」の意味を考える。
・進一郎は，とても安心したと思う。反省する気持ちは通じる。
・やっぱり正直でいることは大切だ。
・勇気も必要だ。

5．学習を振り返り，ワークシートにまとめる。
・謝れないときは，友達に相談する。

・「謝れない」という意見が多くなると予想される。「怒られる恐怖」と「うそをつく心のくもり」などに対して，「お姉さんと魚」の部分を読み，「うそをついたままでいたら？」「うそをつかれたら？」という視点から多面的に考えさせ，ねらいへと迫る。
・資料後半を示し，「正直でいる心の明るさ」を感じさせ，過ちを認める心の大切さに気づく。
☆正直の大切さや勇気の必要性に気づけたか。
・過ちをしたとき，どのように行動するのか，を具体化させ，生活につなげる。
☆生活を見つめられたか。

実践編

中学年

● 授業の取り扱い説明書―問題解決的な授業のポイント― ●

板書計画

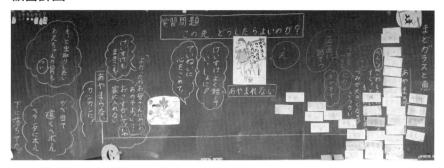

(1) 学習問題を設定しよう

　教材を3つの場面の分け，はじめに「進一郎がガラスを割ったが，謝れない場面」を読み聞かせ，「考えることは何か？」と問いかける。登場人物が葛藤する場面だけに「どうしたらよいか？」という学習問題が子どもたちから設定されるだろう。

　黒板の下側に直線を描き，左に「謝らない」を，右に「謝る」を設定し，「自分ならどうするのか？」を名札で示させる。このようなスケーリングにより子どもが，微妙な気持ちを表せるようにする。学習方法として身につけさえておくと，他教科でも使える。もし出てこない立場があれば，「圭祐なら」「先生なら」と語れば設定できる。互いの考えがみえたところで，学習問題の解決に向かう。

(2) 問題解決に向けて動き，ねらいに迫ろう

　始めに，「謝る」「謝らない」という相対する意見を聞く。「謝る」と考える理由は，「悪いことをしたから」「うそはよくない」「後からわかるともっと叱られる」などの意見が，「謝らない」理由は，「言わなければわからない」「ぼくだけが悪いのではない」「怒られるのが怖い」などの意見が予想される。

　「誰かわからないだろう」「怒られるのが怖い」などの「損得勘定」的な

意見に対しては「ごまかせられればよいのか？」「割れたガラス代を払うのは誰になるのか？」，また，「ぼくだけが悪いのではない」という「責任転嫁」に対しては「誰のせいなのか？」と問い返して考えを深めていく。さらに，発表された意見は，どの人にも当てはまるのか？　自分がされてもよいのか？　など多面的な立場で考えさせながら，「正直」という価値へと話題を進めていく。

　両方からの意見交換が進むと，「謝りたいけど謝れない」という「正直」に伴う「勇気」を見つめた意見が出てくるだろう。これらは，正直でありたいと願うが，怒られるのが怖いという恐怖心が行動への壁になっていることが多い。そこで，「どうやって謝るか」考えることが大切になってくる。「1人だけで行動する以外によい解決方法はないか？」と問いかけ，よりよい行動を見つめさせ，実践への意欲を高めたい。

　ここで，教材の2つめの場面「お姉さんと魚」の場面を提示し，考える材料とするのもよい。たとえ過ちをしたとしても，過ちを素直に認め懸命に償おうとする姿勢が大切であると気づき，行動への指針になる。

　終盤では，「今日学んだこと」をワークシートに書かせる。そのとき，導入で出された「うそをつきたいとき」を思い起こさせ，自分の生活での実践につなげていく。問題を巡って，具体的に行動を考えただけに，自己の生活につなげやすいと考える。

(3)　**事後指導へのつなげ方（アイデア）**

　学級での取り組みを「正直」と「勇気」いう視点で見直してみる。例えば，「学級目標を正直という目で修正しよう！」や「日記を『正直』をテーマに書いてみよう」などと促すことができる。

始めに貼った名札を話し合いながら変えている場面。名札は随時変えても良いとし，友達に変容を示し，考える材料とする。

ワークシート ☛ P163

● 実際の授業記録

(1) 学習への入り口（学びの構えをつくる）

　授業の入り口では，学びの構えを短時間でつくりたい。特に，話し合いの時間を確保するためにも，さっと本題に入ることは大切である。そこで2人の子どもを指名し，「うそがつきたくなるとき」をたずねたところ，「生き物を取ってはだめという公園でめずらしい虫を見つけたとき」「お兄ちゃんの10円を見つけたとき，つい！」という体験が出された。こうした体験は，話し合いの場で話題をより具体的にしたいときに使えたりするので，板書の端にメモしておいた。

(2) 展開（問題設定と問題解決）

　はじめに主人公の進一郎が思い悩む場面を読み聞かせ，「進一郎は何を悩んでいるのか？」と問いかけた。「謝りたいけれど，勇気が出ない」「謝れないから悩んでいる」などの声から，「自分が進一郎だったら，どうしたらよいのだろうか」という問題がつくられた。

　子どもの声から，黒板の右に「謝る」，真ん中に「謝れない」，左に「謝らない」と書き，直線上に名札で自分の立場を示すようにさせた。この方法は，色別などの表示に比べ，両軸からの距離が自由に取れるので，子どもが微妙な考えを示しやすい。このような意志表示の方法を普段の授業でも使っていると，子どもも慣れ，話し合いでも自然に活用できる。話し合いでは，「よかったね」という圭祐の言葉から，謝らないのは，「友達のため」によいという意見が出された。

C：後からぼくが謝ると，圭祐も謝ることになる。それは「よかった」と思っていた友達を巻き込むことになるから，謝らないほうがいい。

　「謝らない」という意見の子どもから，このような理由が語られた。この「友達」という言葉は，謝る側の子も使っていた。そこでこの共通の言葉を「双方から見つめ直そう」と話題をつくった。

C：圭祐を「彼も一緒だった」と巻き込むのはかわいそうだと思う。

C：でも，謝るのは辛いけど，圭祐だって心のモヤモヤは晴れないはず。
一緒に謝ることで気持ちが明るくなるから，友達のためにも謝ったほうがいい。

こうして，子どもたちの中で「謝る」ことが友達にとっても大切であるとわかってきたことで，次の問題は，相手への恐怖心から「謝りたいけど，謝れない」自分とどう向き合うのか？　に移ってきた。「時間が経ってしまったので，相当怒っているはずでは？」「『だれだ！』という貼り紙がとても怖いから，悪いことはわかるけど勇気が出ず，謝れそうにない」という壁である。

ここでも，それぞれが感じた怖さをみんなで共感的に膨らませるために，教材にある「逃げちゃいけない」という思いに教師が話題を寄せていった。
T：「逃げちゃいけない」と言っている気持ちが，みえてくるね。
T：「ぼくです」と「心の中で叫ぶ」進一郎と同じだ。この叫びをなくすには？

と教材中のキーワードを使い，話を促していった。心のモヤモヤをそれぞれが自分の言葉で語り，聞き合うことで，正直な心の大切さと難しさが理解されてくると，学習問題が子どもたちにとってぐっと具体的な問題である「正直と勇気」へと絞られてきた。

(3) 終末（生活へとつなげる）

ここで，学習問題に立ち返り，具体的に「勇気を出して行動する方法はないか？」と話題を移し，教材の「お姉さんと魚」の部分を読み聞かせた。すると板書を振り返り，「友達となら！」「母に相談すれば！」という新しい行動の仕方がみえてきた。「正直」の大切さに気づいたからこそ，どう行動するか，が重要な話題となったのである。

授業後，1人の子どもが「ぼく，あれから母に相談し，隣の家に謝りに行った」と話してきた。バッティング練習をしていて打ったボールが隣のベランダに入ってしまったときのことだ。この子の話をみんなにも聞かせることで，子どもたちの「正直でいよう」と思う心は，さらに具体的なイメージとして膨らんだようだ。

6 中学年（3年生）

教材
フィンガーボール

内容項目 親切・思いやり，礼儀

山田　誠

問題解決的な授業デザイン！

　本時では，まず教材の前半部分を提示し，問題場面を浮き彫りにして，「もし自分が女王だったらどう行動するか」という学習問題を子どもに投げかける。子どもたちは，自分がとるであろう行動とその理由をお互いに伝え合うことで，自分にはない視点や方法を見いだしていくであろう。そして，後半ではどうすることがお互いにとって一番よいのか気づかせ，本当の思いやりについての理解を深めさせたい。

● 主題および教材

(1) **授業の主題**：本当の思いやり

　相手の立場や心情をより深く理解し，相手を気遣う心が思いやりである。この思いやりの心が行動として具現化したとき，親切な行為になる。

(2) **教材名**：「フィンガーボール」

出典：作　吉沢久子，『4年生のどうとく』文溪堂

あらすじ：女王が招待した夕食のパーティーで，間違ってフィンガーボールの水を飲んでしまった客に対して，恥をかかせないように，女王が自分もわざと間違えてフィンガーボールの水を飲む。

● 定番教材をこう使う！

(1) 学習問題は何か？

　自分もフィンガーボールの水を飲むという行為で，客人に恥をかかせないようにした女王の行為は，礼儀作法に反している。したがって一国の女王がとるべき行為ではないと考える子どももいるであろう。いっぽうで，この女王の礼儀作法に反した行為は，相手を思いやる気持ちからなされたのであるから，この女王のやさしさに共感する子どももいるであろう。

　つまり，ここでは，思いやりと礼儀が対立している。どちらを優先するか，「もし自分が女王だったら」と仮定して考え，議論させたい。

　話し合いに生かすキーワードとしては，「緊張」「知らん顔」「食事作法」「礼儀」「はずかしい思い」等が考えられる。

(2) 指導の工夫

① 教材を，女王がフィンガーボールの水を飲んだところで分割して提示する。2つの道徳的価値が対立した状況で描かれている教材では，最初から結論的なことが描かれている箇所は提示しないで話し合いをさせたほうが，子どもから多様な考えが出る場合が多い。

② 女王の行為に賛成する立場と反対する立場の2項対立に分かれて話し合いをさせる。その際，それぞれの立場をさらに3段階に分ける。つまり，賛成だったら「絶対賛成・賛成・どちらかというと賛成」，反対だったら「絶対反対・反対・どちらかというと反対」の3つに分ける。こうすることにより，話し合いのコーディネイトがしやすくなる。

③ 話し合いをする前に，ワークシートに自分の考えを書かせる。こうすることにより，一人一人の子どもが自分の考えをしっかり持って話し合いに臨むことができる。また，授業の終わりに，今日の授業の感想を書かせ，授業を通しての子どもの考えの変化や深まりを見取ることができる。

(3) 評価のポイント

① より多面的・多角的な見方へと発展しているか。

授業における話し合いを通して，たとえ礼儀作法を間違えたとしても，その場で指摘するのではなく，後で2人きりになったときに正しい礼儀作法を教えたほうがよいと考えるなど，相手の立場に立って考えることができるようになったか。

　また，女王がフィンガーボールの水を飲むという誤った礼儀作法をしたことに対して，あまりよいことではないと批判的に考える子どももいるであろう。このような子どもの考えも，批判的思考として尊重すべきである。
②道徳的価値を自分とのかかわりの中で判断しているか。

　授業において，「もし自分が女王だったらどうするか」と考えることを通して，子どもたちは，相手の立場に立って考えることの大切さに気づくであろう。

● 本時の指導

(1) 本時のねらい

　女王の行為について考えることを通して，相手の身になって考えようとする態度を養う。

(2) 本時の展開

主な学習活動	指導上の留意点・と評価☆
1.「思いやりのある人」は，どんな人か考える。	
「思いやりのある人」は，どのような人だと思いますか。	
・やさしくしてくれる人 ・親切にしてくれる人 ・人の気持ちを考える人	・あまり時間をかけないようにする。

2. 教材前半を読んで，女王の行動の是非について話し合う。	・フィンガーボールについて，具体物を見せながら，説明する。

| もし自分が女王だったら，どうしますか。 ||

水を飲む ・客に恥をかかせないために，客と同じようにフィンガーボールの水を飲む。 飲まずに礼儀作法を教える ・礼儀作法に反することはよくないから，正しい作法を客に教える。	・女王は，フィンガーボールの正しい使い方を知っていたことを確認する。 ・ワークシートにその理由を書かせる。 ☆しっかりした根拠をもとにして，自分の考えを持つことができたか。
3. 教材後半を読んで，第3の解決策について話し合う。	

| フィンガーボールの水を飲むこと以外によい方法はなかっただろうか。 ||

・パーティーが終わって2人きりになったときに，フィンガーボールの正しい使い方を教えてあげる。 ・事前にフィンガーボールの使い方を説明する。	・ワークシートに書かせる。 ☆女王にとっても客にとってもよい方法を考えることができたか。
4. 経験を振り返り，相手の身になって考えて接したこと，反対に相手の身になって考えずに人を傷つけてしまったことについて考える。	

| 今までに相手の身になって考えて人に接したことはありますか。また相手の身になって考えることができずに，人を傷つけてしまったことはありますか。 ||

5. 教師の説話を聞く。	・本時のねらいに即した話をする。

● 授業の取り扱い説明書―問題解決的な授業のポイント― ●

板書計画

◎もし自分が女王だったらどうしますか。	正しい礼儀作法を教える			フィンガーボールの水を飲む			◎フィンガーボールの水を飲むことによいたなかっただろうか。・パーティーが終わって二人きりになった時にフィンガーボールの正しい使い方を教えてあげる。
	強い	普通	弱い	弱い	普通	強い	
	お客様がほかで恥をかかないように教える。	その場で小声で教える。	お客様に恥をかかせないように注意する。	もし自分がこのお客様だったら傷つくから。	お客様にパーティーで恥をかかせたくない。	正しい礼儀作法を教えると恥をかかせる。	

(1) 学習問題を設定しよう

・「もし自分が女王だったらどうするか」と問いかけることで，多様な考えを引き出す。

・教材の後半部分は，女王の行為を是とする書き方なので，教材を最後まで読んでから，「もし自分が女王だったらどうするか」と問いかけると，「たとえ礼儀作法に反したとしても，フィンガーボールの水を飲む」と考える子どもが増えるであろう。しかし，実際には，この女王の行為は礼儀作法に反していて，賛否両論が出て当然である。女王の行動に縛られることなく，賛否両論の意見をお互いに出し合い，話し合うことにより，子どもたちの考えが深まっていく。

(2) 問題解決に向けて動き，ねらいに迫ろう

・自分の行動を「フィンガーボールの水を飲む」「正しい礼儀作法を教え

る」のあえて二択で決めさせ，その理由を考えさせることで，思考を深め，個々に意見を持たせる。
- 理由はワークシートに書かせ，話し合いの土台とする。
- ここまでを個人で行うことで，「自分だったらどう行動するのか」という考えと，その根拠を持たせる。
- 「フィンガーボールの水を飲む」「正しい礼儀作法を教える」の２項対立で話し合った後で，さらに「ほかによい方法はないだろうか」と問いかけ，第３の解決策を考えられるようにする。子どもたちが，これからの人生を生きていくうえで，「あれかこれか」の二者択一のみでなく，柔軟に物事の現実的な妥協点を見いだしていく力も必要である。
- また，本実践では扱っていないが，ここでは「礼儀」という価値についても扱っているので，終末で「礼儀」の大切さ（テーブルマナー）を教師が語ってもよい。

(3) **事後指導へのつなげ方（アイデア）**
- クラスの中で思いやりのある人を帰りの会等で紹介する。
- 思いやり体験に焦点を当てた日記を書く（テーマ日記）。
- 学校外の親切運動や思いやり運動等に参加する（さまざまなボランティア活動）。

ワークシート☞P164

● **実際の授業記録**

(1) **導入**

T：思いやりのある人は，どんな人だと思いますか。

C：やさしくしてくれる人

C：人の気持ちを考える人

C：人のために何かをしてあげる人

(2) **展開（問題設定と問題解決）**

①「フィンガーボール」前半を読む。

T：もし自分が女王だったらどうしますか。

②ワークシートに記入してから意見を発表する。

◎「フィンガーボールの水を飲む」11人

・その場でお客様に正しいフィンガーボールの使い方を教えると，お客様に恥をかかせることになる。パーティーが終わってから，正しい使い方を教えればよい。

・自分がお客様だったら，その場で正しい礼儀作法を教えられたら傷つくと思ったから。

・外国から来たお客様だから，礼儀作法を知らないのは仕方ないから。

・その場で注意したら雰囲気が悪くなって，せっかくのパーティーがだいなしになってしまうから。

・お客様は女王様の前で緊張しているのに，礼儀作法のことで注意したら，お客様に恥をかかせることになるから。

◎「お客様に正しい礼儀作法を教える」16人

・お客様がほかのところで同じ間違いをして恥をかかないようにするため。

・大きな声で注意するのではなく，小声でそっと注意する。

・お客様は外国に来たのだから，その国の礼儀作法をきちんと教えるべき。

・もともと指を洗う水だから，飲むのは不衛生。

・女王様やほかの人たちがフィンガーボールの水を飲むのは行儀が悪いか

ら，お客様に正しい礼儀作法を教えたほうがよい。
・自分も間違えた礼儀作法をしたくないし，お客様にも今後気をつけてもらいたいから。
・フィンガーボールの間違った使い方が広まってしまうから。
③多様な意見が出たが，どちらの意見も一理あるので，あえて1つの考えにまとめることはせず，「ほかによい方法はないだろうか」と問いかけ，第3の解決策を考えさせた。
・フィンガーボールを持って来た人が説明する。
・パーティーの前にマナーが書いてある表を配る。
・パーティーのはじめに，お客様にフィンガーボールの使い方を教える。
・フィンガーボールを使わない。

(3) **終末**
　教師が，みんなの前で友達の間違いを指摘して，その友達と気まずくなってしまった体験を話す。

7 中学年（3年生）

教材
心の信号機

内容項目 思いやり，親切

星　直樹

問題解決的な授業デザイン！

　本教材のように，思いやる心を持っていたとしても，困っている人を見つけたとき，ためらいが生ずる。そこで，「どう声をかけたらよいか」を学習問題として，これを克服する方法をみんなで議論して解決策を図っていく。本時では，日常経験と教材をつなげて，行動を学習問題としながら，行動を支える道徳心情まで踏み込み，学びの意義を考えていく。

● 主題および教材

(1) **授業の主題：相手の心を見つめてみよう**

　相手によかれと思った振る舞いが，ときに迷惑になることもあり，また，せっかく親切にしても，相手から断られることもある。だから，思いやる行動を実行するには，ためらいが生じ，勇気も必要になる。そこで，困っている人に対して，声のかけ方を工夫するだけで互いの気持ちが楽になることに気づかせたい。また，相手を思う気持ちは素直な気持ちの表れであり，相手のためだけでなく自分の喜びにつながることにも気づかせ，思いやる心の意義を理解する。

(2) **教材名：「心の信号機」**

出典：作　勢田富夫,『みんなのどうとく　4年』学研
あらすじ：道路に横断歩道を渡れずたたずんでいる人に気づいた「ぼく」は，助けようとするが，なかなか声をかけられず困ってしまう。

● 定番教材をこう使う！

(1) 学習問題は何か？

「（困っている人に）どう声をかけたらよいのか？」が学習問題である。人を思いやりたいという気持ちは誰も抱いている。しかし，実際に行動に移すには，ためらいが生じる。この日常経験と教材をつなげることで，自分に近い学習問題が設定できると考える。そして，行動の仕方を具体的に話し合うことで，学んだことを自己の生活へと生かしていく。

(2) 指導の工夫

①学習問題を「どう行動するか」と行動に置くことで，具体的に問題解決へと向かわせる。

②男の人役，ぼく役に分かれ，役割演技することにより，立場を変えて，多面的・多角的に考えられるようにする。

③役割演技などを取り入れ，互いの考えを視覚化することによって，具体的な問題解決を図る。

④学習問題の解決後に，「思いやる行動をする喜び」を見つめる。行動の背景にある「思いやる心」を見つめることで，相手を思う気持ちは，自分にとって意義があることに気づかせていく。

(3) 評価のポイント

役割演技や発言などから，子どもが立場や視点を変えて，多面的・多角的に考えられるようになったか，道徳的問題を自分のこととして考えられるようになったかを評価する。

● 本時の指導

(1) 本時のねらい

声をかけるか悩む「ぼく」の行動を具体的に考えることで，相手の身になって考え，親切にする大切さに気づき，どう行動したらよいか考える。

(2) 本時の展開

主な学習活動	指導上の留意点・と評価☆
1. 困っている人を見て感じることを発表する。 ○荷物が重く階段を登れないお年寄りがいる。	・困っている人を見て，感じる心を知り，学習への興味を引き出す。 ☆思いやり心に関心が持てたか。
2. 教材全文を読み，学習課題をつくる。 ○「ぼく」は，なぜ声をかけられないのか。 ・目が悪いのは勘違いかも。 ・断られたらいやだから。 ・怖い人かもしれないので不安。 ○どうすればよかったかな。 ・最初にたずねるといいと思う。 ・どう声をければいいのかな。	・教材全文を提示することで「ぼく」の心の迷いに共感させ，思いやる心を行動に移すには「勇気」がいることに気づかせながら，学習問題をつくっていく。 ・「考えたい問題は何ですか？」と問うのもよいが，左のようにためらいを話題とし，少しずつ問題づくりをすることもできる。
学習問題　上手に声をかけるには，どうしたらよいだろうか。	
・始めに，「何か困っていますか？」と軽くたずねたらよい。 ・もうしばらく観察し，信号を渡りたいのか確かめてから声をかける。 ・自力で渡りたいかもしれないので，どのように助けて欲しいのかをたずねてから手伝う。	・「立ちつくした」などのキーワードを使い，断られたり怒られたりする怖れに注目させ，怖れる気持ちを少なくする方法を話し合い，思いやろうとする気持ちを高める。 ・男の人役・ぼく役に分かれ，役割演技をしながら，互いの気持ちを

・教材に「もし」とあるように，自分だったらと相手側になって考え，声をかけるといい。 ・「肩にどうぞ」と言って誘うといい。	大事にする方法を考える。 ・男の人役からも感想を聞くことで，多面的に考え，相手の身になり考えるよさを見つめる。 ☆相手を思い浮かべて，声をかける方法を考えられたか。

> **話し合いのキーワード**
> 不自由　渡るのを忘れた　三度も　もし　立ちつくした　はっと
> それなのに　たまらない気持ち　勇気　決心　ほっとした

3．行動を支える気持ちについて考える。 ○相手が喜んでくれると，なぜうれしくなるのか。 ・自分のせいで相手を傷つけなくてよかったと安心するから。 ・自分だって，親切にされるとうれしいから。 ・相手に喜んでもらえると，やってよかったと思えるから。 ・相手を大切にすることは，自分を大切にすることになるから。	・「ありがとう」と言われた「ぼく」の気持ちを想像し，相手を思いやるとうれしくなることに気づかせ，その理由を考えていく。 ・「ほっとした」などのキーワードから，人を思い親切にする気持ちよさに気づかせ，親切は行為ではなく，相手を気遣う気持ちが大切であり，自分の喜びにつながることを理解させる。 ☆相手を思いやる心の大切さとそれを表す行動のよさに気づけたか。
4．学習を振り返る。 ○上手にできなかったことも思い浮かべ，学んだことをワークシートにまとめる。	・「親切にした体験」「失敗談」なども振り返らせ，思いやる心とそれを表す行動の大切さと，これからの行動につなげようという気持ちを持たせる。

● 授業の取り扱い説明書 ―問題解決的な授業のポイント― ●

板書計画

(1) 学習問題を設定しよう

　全文を読み，主人公が行動するまでに抱いた葛藤を押さえたうえで子どもたちと問題をつくる。「考えたいことは何か？」と問い，問題をつくりたいが，「なぜこんなに迷ったのか？　もっと心を楽にできる方法はないか？」と問いかけることもできる。本時では学習問題を「『ぼく』は，どのように声をかけたらよいのだろうか？」とした。

(2) 問題解決に向けて動き，ねらいに迫ろう

　杖，黒いサングラス，歩道の線など，どれか1つでも用意できれば，臨場感が湧き，場面を想像し演じながら行動を考えられる。

　はじめは，教師が「男の人」役，子どもは「ぼく」役を演じ，声のかけ方などを具体的に考えていく。

　子どもから「手伝いましょう」「一緒に渡りましょう」などの声が出たら，「結構です」と教師が断る場をつくり，直接的な表現は，相手の気分を害する場合もあることに気づかせる。「お困りなことがありますか？　あれば，お手伝いしましょう」「ぼくも信号を渡るのですが，よろしければ一緒にいかがですか？」など，まず相手の意向をたずねることが大切であるとわかれば，相手へ声をかけることの怖さは和らぐはずである。

　次に，子ども同士のペアなどでぼく役と男の人役を演じる場をつくり，

信号を渡らせるまで演じさせ，相手の立場からもその行動のよさを実感できるようにする。この際，教材を参考に，視覚障害の方への接し方や配慮についても，スキルとして指導する。

ここで話題を「どう行動するか？」から「なぜ行動するのか？」へと変化させていく。つまり，行動を支える心情にまで目を向け，実践の価値をしっかりと自分と結びつけていくのである。

上手なやり取りをしたペアを指名し，みんなの前で演じてもらう。その後，互いの気持ちを聞く際，ポイントは，親切にされた男の人の「ありがとう」という声である。ここで，「お礼を言われるとなぜうれしくなるのだろう？」と問いかけ，行動する正しさ，よさを見つめていくのである。

C：ぼくは，今まで自分だってやさしくしてもらったから，自分がやさしくできたと思って，うれしくなるのだと思う。

T：それは「ありがとう」の心。今までのやさしさに感謝しているんだ。

C：私は，自分も困っていたら助けて欲しいからだと思う。だから，助けてあげたいし，それができたらうれしくなると思う。

T：自分が相手を思いやれば，きっと自分にその心が返ってくるんだね。

このようなやり取りが予想される。こうして，行動と自分との接点に注目させ，「思いやる気持ちは，自分の心の中にあること」に気づかせていく。そして，この思いやりの心が，人と人をやさしくつなぎ，自分の幸せにつながることを理解させていきたい。

問題解決的学習においては，「自分はどう行動するのか？」と行為を問う場が多くなる。それを主たる活動としながらも，こうしたちょっとした問いを添えることで，その行為の価値を心の内面へと深めることができる。行為と心情を念頭に置いた授業設計を心がけたい。

(3) **事後指導へのつなげ方（アイデア）**

「親切」をクラスで伝え合うこともできるし，「思いやり週間」などを設け，実践してみるのもよい。また，思いやりの心にあふれた著名人のエピソードを探し，さらなる意欲にすることもできる。

ワークシート☛P165

● **実際の授業記録**

(1) **問題の設定**

　教材を読んだ後,「考えたいことはありますか」と問いかけた。以前よりこのような問題設定で学びをしていることもあり,1人の子が語った。

C：声をかけようと思い信号を待ったのでしょ！　青に変われば,すぐかけつけるはずなのに,歩きがゆっくりとしてしまった。それが不思議だから,考えてみたい。

　この話にうなずく子が多かったので,教師の私が「男の人」役をし,指名した子が「ぼく」役になり役割演技をした。ゆっくりとこちらに近づいてきた子をじっと見つめる子どもたち。私の所に来て「一緒に渡りましょう」と言ってきたのを受け,「結構です」ときっぱり断ってみた。すると,教室がシーンとなり,歩みが遅くなった理由がこの怖さであることが共有された。感想をたずねると,「電車で席を譲ったら,『年寄りじゃないよ！』と断られた」「スーパーで荷物を持とうとお年寄りに近づいたら,『大丈夫だよ！』と言われ,いやな気分になった」などの体験が多く出された。このように,生活体験に置き換えられることによって,学習問題が自分事になっていく。役割演技では,教師が一方を務めると,意図的に場の設定ができる利点がある。はっきりと断られたことで,「どのように声をかけたらよいだろうか？」という学習問題が設定された。

(2) **学習問題の解決,その先へ！**

　教室で上記のような経験が共有されると,断られる怖さが壁であることがわかった。そこで,「この怖さをどう乗り越えようか？」と促すと,「始めに確かめたらいい！」という意見が出され,解決への道が見えてきた。賛同する多数の挙手があったところで,子ども同士で「男の人」「ぼく」の双方を演じながら話し合いを進めた。

C：大丈夫ですか？　何かお困りですか？

C：さっきから3回も信号を待ってますね。お手伝いしましょうか？

C：違うかもしれませんが，もしかしたら信号が見えなくて困っていますか？

　など子どもらしい表現もあるが，最初に相手の意向を伺う方法がいくつも出された。具体的にどう声をかけるかやってみる。この方法で「ぼく」役の子が声かけをすると，相手の「男の人」役の子から「大丈夫です」「親切にどうも」「心配してくれてうれしいです」などの反応が返ってきた。

T：どう声かけが変わってきたかな？
C：「大丈夫ですか？」と言う人と「体のこと」を聞く人とがいる！
C：どちらも相手が怒っていないし，いやな気分にならずに気持ちがいい。

　子どもから出てきた2つのパターンを実際に演じることと見ることが，行動への指針となった。方法がわかったら，今度はペアで役割演技をさせた。どのペアも，気分よく進んでいた。ここで，1つのペアを取り上げ，みんなの前で演じてもらった。注目は，信号を渡した後の「男の人」の言葉である。

C：ありがとう。とても助かりました。

　ここで，1つ問いかけた。

T：今，「男の人」が「ありがとう」と言ったら，「ぼく」はとてもうれしそうだったね。どうして「ありがとう」と言われるとうれしくなるの？
C：だって，自分もされたらうれしくなるから！　よかったって思う。
C：声をかけるには勇気がいるでしょ！　足が進まなくてモヤモヤしていたけど，それが自分でできた！　って思えるから，ほっとするし，自分もうれしくなる！　勇気を出せたうれしさだね。
C：相手が暗い顔から笑顔になったでしょ！　その笑顔を見ると，なんだかうれしくなる！　やったかいがあったと思う。

　喜ぶ理由からは，「自分も助けれたことへの感謝」「笑顔をつくる気分のよさ」「勇気を出せた自分への喜び」など，人が持つ本来のやさしさが伝わってきた。「思いやる心」の意義が具体的に実感でき，生活への意欲も高まっていた。最後に書いたワークシートにも，今後も親切に接したい思いが膨らんでいた。

8 中学年（3年生）

教材
金色の魚

内容項目 節度，節制

幸阪　芽吹

問題解決的な授業デザイン！

「なぜ，おばあさんは自分の思いを押し通そうとするのか」をもとに，「おじいさんは，どうすればよかったのか」「自分ならどうするか」などについて学習問題を立てて，考え議論することで，子どもが主体的に「よく考えて行動すること」について話し合うことができる。そして，今後さらにどうすることが望ましいかを考えることを通して，自分たちの生活にもつなげていくことができる。

● 主題および教材

(1) **授業の主題：よく考えて行動する**

中学年では，自分自身で考えて，度を過ごすことなく節度ある生活のよさを考えることが求められる。自分の思いや願いばかりを優先させるのではなく，自分にとって本当に必要なことか，周りの状況やその先のことまで考えて行動しようとする力を身につけることが大切である。

(2) **教材名：「金色の魚」**

出典：作　関英雄（せきひでお），『みんなのどうとく　3年』学研

あらすじ：金色の魚を助けた心やさしいおじいさん。助けてもらった金色の魚はお礼に願い事を叶えることを伝える。おじいさんは，わがままなおばあさんの願いばかりを金色の魚に伝え続ける。

● 定番教材をこう使う！

(1) 学習問題は何か？

　本教材は，大きくは２つの視点から「節度，節制」について考えることができる。

　ひとつは，わがままばかりを押し通すおばあさんの行動についてである。もうひとつは，おじいさんがおばあさんの言うことばかりに従う点についても「おじいさんは，自分がやっていることを改めてよく考えたほうがよいのでは」という批判的な見方が考えられる。本教材は，それらの問題点がわかりやすく提示されており，子どもの意識も向きやすい。

　学習問題の設定では，おじいさんとおばあさんのとった行動について何が問題だったかを考えさせることを意識したい。さらに，今後どうすることが望ましいのかを，「わがまま」「自分勝手」「言われるがまま」「何も考えていない」などのキーワードをもとに話し合わせ，「節度，節制」について理解を深めていきたい。

(2) 指導の工夫

　問題点を共通に理解した後，話し合う場面では，ペアトークまたはグループトークを取り入れる。自分の考えを伝えるだけでなく友達の考えを聞くことで，さらに多面的・多角的に物事をみることができるようにする。
① グループの考えを全体に示す場面では，ホワイトボードを活用し，多様な考え方を共有できるようにする。
② 子どもの発言からキーワードとなるものがあった場合，その言葉の捉え方について問い返すなど，教師の発問から全体の話し合いを深めていく。

(3) 評価のポイント

① 多面的・多角的な見方へと発展しているか。

　おばあさんとおじいさんの行動や原因について話し合うことを通して，「相手のことや先のことを考える」「今の自分の行動を振り返る」など，「よく考える」ことについて多面的・多角的に考えさせる。その広がりを

発言やノートなどを通して見取っていく。
②道徳的価値の理解を自分とのかかわりの中で捉えているか。
　「よく考える」ということについて自分はどう思うかを，自分自身のかかわりの中で考えさせる。ここでも，ノートやワークシートを活用し，その内容で見取っていく。

● 本時の指導

(1) 本時のねらい

　おばあさんとおじいさんの行動を考えることを通して，よく考えて行動することの大切さに気づき，これからの生活に生かそうとする態度を養う。

(2) 本時の展開

主な学習活動	指導上の留意点・と評価☆
1．教材を読み，学習問題を設定する。 ○ここでは何が問題になっているか。 ・おばあさんが，どんどんわがままを言い続けるところ。 ・おじいさんは，なぜおばあさんの言うことばかりを聞くのか。 ・おじいさんはどうすればよかったのか。	・自分が気になる点やここがおかしいと感じる点について意識を向けさせるようにする。 ・おじいさんとおばあさんの両方の立場について考えさせる。
学習問題　おばあさんは，なぜ自分の願いばかりを伝えるのか。 　　　　　おじいさんはどうすればよかったのか。	
2．教材について話し合う。 ○おばあさんとおじいさんがとった行動についてどう思うか。 《おばあさん》 ・自分のことしか考えていない。 ・わがまま。	・問題（失敗の原因）の発見から問題解決へ向かわせる。 ・ペアトークを取り入れる。 ・問題点を確かめた後，補助発問として「2人に欠けているものとは何か」を問いかける。

《おじいさん》 ・おばあさんが怖いから言いなり。 ・強く自分の気持ちを言うことができない。 ○おじいさんはどうすればよかったか。 ・言いなりにならず，自分の考えを伝えればよい。 ・この後どうなるかを考えればよい。 ○金色の魚は2人のことを知りながら，どうして願いを叶え続けたか。 ・おじいさんへのお礼。 ・言いなりでおかしいが感謝の気持ちのほうが強かった。 ○おじいさんとおばあさんは，これからどのような行動をとることが必要だと思うか。 《おばあさん》 ・自分のことばかりではなく，周りのこともよく考える。 ・もう少し自分の気持ちを押さえる。 《おじいさん》 ・言われるままでなく，おかしいと思うことは自分の言葉で伝える。 ・先がどうなるかを考えて行動したほうがよい。	・おじいさんの立場でどうすればよいか，自分ならどうするか具体的な解決策を話し合わせる。 ・金色の魚は，おじいさんへの感謝の思いの強さで行動していたことを押さえる。 ・グループでの話し合いを取り入れる。 ・相手や周りまで意識を向けることができるようにする。 ☆おばあさんやおじいさんの行動について多面的・多角的に考えを広げているか。

話し合いのキーワード

わがまま　自分勝手　言われるがまま　何も考えていない

3．自己を見つめる。 ○「よく考えて行動する」とはどういうことだと思うか。 ・今の自分の状況を考えてから行動する。 ・相手のことや周りのことを考える。	・全体から出てきた言葉「よく考える」ことについて，自分の考えを持たせる。 ☆自分自身とのかかわりで，道徳的価値の理解を捉えているか。

● **授業の取り扱い説明書**－問題解決的な授業のポイント－ ●

板書計画

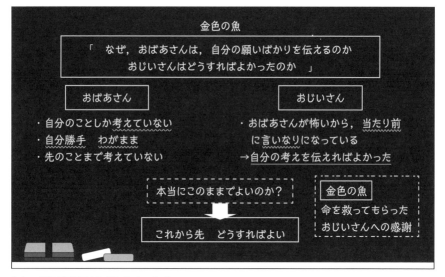

(1) 学習問題を設定しよう

①教材を読み,「自分が気になる点」や「ここがおかしいと感じる点」についてはじめに問いかける。

②おばあさんの「わがまま」,おじいさんの「言いなり」という視点や発言(キーワード)を教材から見つけていく。

③元の粗末な小屋に戻ってしまったという話の結末にも目を向けさせ,このようになってしまった原因について触れながら,学習問題を設定する。

(2) 問題解決に向けて動き,ねらいに迫ろう

①おばあさんとおじいさんの2人がとった行動についてどう思うかを子どもにたずねる。また「おばあさんの思いを押し通した結果,その後どうなったか。どうしてそのような結果になったのか」についても問い,「自分勝手」「わがまま」「当たり前」などをキーワードとして,教師が押さえていく。さらに,「自分勝手とはどういうことか」と問い返すこ

とで，学習問題についてより具体的に考えさせる。
② 失敗原因の発見に終わることなく，「特に，おじいさんは，どうすればよかったのか。今後どのような行動をとることが必要か」「自分ならどうするだろうか」と問題解決のための話し合いをする。事前に，補助発問として「2人に欠けていたものは何か」を問いかけることで，欠けていたことをもとに話し合うことができる。
③ また，途中で願いを叶えることをやめることもできた金色の魚だが，何も言わずに願いを叶え続けた行動の裏にあるものは何なのかを考えさせる。
④ 自分の考えを持ったうえで話し合うことができるように，グループで話し合う前に，ワークシートやノートなどに自分の考えを書いてから話し合う。
⑤ グループで話し合った後，今度はそれらを学級全体で共有する。グループで1枚ホワイトボードを活用し，話し合ったことを書く。書いたものは黒板に貼り出し，学級全体で共通している部分を整理する。そして，「よく考えて行動する」ということについて，多面的・多角的に考えていく。
⑥ 「よく考えて行動する」ということについて，子どもが本時の授業をもとに自己を見つめながら考える。

(3) 事後指導へのつなげ方（アイデア）

・情報モラルの問題など，やってよいこと悪いことの善悪の判断とともに，節度，節制について自分の行動を振り返る場面を計画的に設定する。
・自分の思いを押し通してしまったときや友達からの意見に流されてしまうときなど，「よく考えて行動することの大切さ」を日々の道徳教育の中で伝えていく。

ワークシート☛P166

9 中学年（3年生）

教材 ブラッドレーのせいきゅう書

内容項目 家族愛，家庭生活の充実

幸阪　芽吹

問題解決的な授業デザイン！

「ブラッドレーのせいきゅう書とお母さんのせいきゅう書の違いは何か」という学習問題から，本時のねらいとする価値ついて考える。このような学習問題を設定し話し合うことで，ブラッドレーとお母さんの家族に対する捉え方の違いに気づくことができる。また，自分にとっての「家族」についても，多面的・多角的に考えることができる。さらに，「自分は家族にどう貢献できるか」を話し合ってみたい。

● 主題および教材

(1) **授業の主題**：家族のつながり

中学年では，家族の一員として，家庭の生活に進んでかかわり，協力し合って楽しい家庭をつくろうとする態度が求められる。本授業では「家族だから」というキーワードをもとに，家族について多面的・多角的に考えさせる。そして，普段当たり前になっているその存在の大きさや大切さに気づかせたい。

(2) **教材名**：「ブラッドレーのせいきゅう書」

出典：作　グルエンブルグ，『3年生のどうとく』文溪堂

あらすじ：ブラッドレーは，自分が家族のために行ったことに対してお母さんに請求書を渡す。その日，お母さんから代金をもらうとともに，すべて0ドルの請求書を渡される。それを見て，ブラッドレーは涙を流す。

● 定番教材をこう使う！

(1) 学習問題は何か？

　この教材は，子どもが捉える家族と母親が捉える家族という2つの面を持っている。これらの違いについて問題を設定し話し合わせることで，家族のあり方について多面的・多角的に考えさせることができる。その際，キーワードとして「家族だから」という言葉を大切にしたい。

　さらに，家族の捉え方を自分に置き換え，家族の一員として大切にしたいことを今後の家庭生活で実践できるようにする。

(2) 指導の工夫

①ブラッドレーの「家族のために働くことに対してお金が欲しい」（家族だから，思っていることをそのまま言える）という考えと，お母さんの「家族のために働くことは，お金とは関係ない」という考えの違いについて，子どもの発言をもとに学習問題を設定する。

②問題を解決するための話し合いでは，ブラッドレーとお母さんの両方の立場から考える必要があるため，それぞれの役に分かれて話し合う。役割演技など，体験的な活動を取り入れるのも効果的である。その際，ブラッドレーに対しては「どうしてお金がほしいと思ったのか」と問い，お母さんに対しては「どうして0ドルなのか」と問いかけることで，請求書に対するそれぞれの考えをさらに引き出す。

③家族に対して自分が一番大切にしたいものについては，ノートやワークシートを活用し，子どもが十分に道徳的価値に対して向き合うことができるようにする。

(3) 評価のポイント

①多面的・多角的な見方へと発展しているか。

　学習問題である「どちらの『せいきゅう書』がよりよいか」について考えることは，家族について多面的・多角的に捉えることである。そのため，学習問題ついて自分の考えを述べているか，体験的な活動を通してそ

れぞれの立場で考えを伝えているかという点から評価を行う。
②道徳的価値の理解を自分とのかかわりの中で捉えているか。

　自分は「家族」についてどのような考えを持っているか，また今後どのようなことを大切にしていきたいか，という点で評価を行う。自分の考えをノートやワークシートに書かせ，自分とのかかわりの中で捉えているかを見取っていく。

● 本時の指導

(1) 本時のねらい

　ブラッドレーとお母さんの請求書の違いを考えることを通して，家族の一員として，協力し合って楽しい家庭をつくろうとする態度を育てる。

(2) 本時の展開

主な学習活動	指導上の留意点・と評価☆
1．家族について考える。 ○あなたは，普段家でどのように過ごしているか。 2．教材を読み，学習問題を設定する。 ○話を聞いて気になることはあるか。 ・ブラッドレーとお母さんの「せいきゅう書」の違い。 ・ブラッドレーとお母さんの家族に対する考え方の違い。	・普段の家族との生活を想起させる。 ・同じ請求書だが，内容が違うことに目を向けさせる。 ・子どもが気になること，考えたいことを引き出し，学習問題を設定する。

| 学習問題　どちらの「せいきゅう書」がよりよいか。 |

○ブラッドレーの請求書とお母さんの請求書は何が違うか。
・ブラッドレーは金額が書いてあるが，お母さんは０ドル。
・ブラッドレーは家族に対しても働いたらお金が欲しいと思い，お母さんは家族のためだからお金は必要ないと思っている。

・ブラッドレーとお母さんの家族に対する考え方の違いに気づかせる。
・ペアトークやグループトークを入れ，より多様に考えさせる。

| 話し合いのキーワード |

家族だから　０ドル

○どちらの請求書がよりよいと思うか。
・お母さんのほう。なぜなら，家族を大切にしたい思いはお金ではないから。

・０ドルの意味を十分に考えさせる。
・お母さんがどれほど家族のことを大切に思っているかに気づかせる。
・無報酬でお手伝いを強要するような展開にならないように。
☆家族について多面的・多角的に考えることができたか。

3．自己を見つめる。

| あなたは自分の「家族」に対して，どのように考えて行動するか。 |

・ブラッドレーの気持ちもわかるし，お母さんの気持ちもわかる。でも，やっぱり家族はお金ではない。
・家族だから言えることもあるし，言えないこともある。
○あなたは「家族」に対して，一番大切にしていきたいものは何か。
・思いやり。
・家族みんなのことを考えるやさしさ。

・自分だったら家族にどう貢献できるかを話し合う。
・自分にとっての家族について，改めて考えを持つことができるようにする。
☆家族について自分とのかかわりの中で考えることができたか。

● 授業の取り扱い説明書―問題解決的な授業のポイント― ●

板書計画

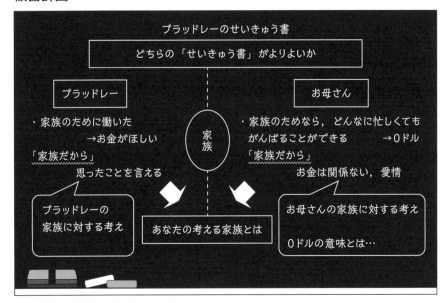

(1) **学習問題を設定しよう**

①教材を読み,自分が気になる点や考えたいところについてたずね,学習問題を設定する。

②同じ「せいきゅう書」でも,家族の捉え方によって内容が異なることに目を向けさせたい。「なぜ違いが起きたのか」「ブラッドレーとお母さんは,家族に対しての思いが違うのか」など,それぞれの家族への思いを考える。

(2) **問題解決に向けて動き,ねらいに迫ろう**

①ブラッドレーの請求書とお母さんの請求書を比べ,何が違うのかを問うと,金銭面や家族の捉え方など,さまざまな違いが出される。1つ1つの違いについて考えさせていく。

②ブラッドレーは「家族だから」思ったことが言える,がんばっているか

らお金がほしい，お母さんは「家族だから」お金は関係ない，と言う。その違いについて，全体で話し合わせることで，家族の捉え方について子ども一人一人に考えさせたい。

③より多くの考え方を引き出すために，ペアトークやグループトークを取り入れる。そして，本時のキーワードである「家族だから」という言葉をもとに，家族に対しての考え方が広がるようにする。

④本時の学習問題である「どちらの『せいきゅう書』がよりよいか」という発問については，「お母さんのせいきゅう書のほうがよりよい」という考えに留まらず，請求書にある家族の仕事から，「お手伝いをすることの意味」「お母さんはどれほど家族のために尽しているか」についても考えさせたい。そうすることで，「報酬がある，ない」といった視点に偏ることなく，家族のあり方について自分の考えを持つことができるようにする。

⑤学習問題について全体で話し合った後，「自分だったら家族に対してどのように考えて行動するか」を考える。自分にとっての家族とはどのようなものかを見つめ直し，これからの行動についてワークシートやノートに記入する。

⑥家族についての捉え方や家族の形はさまざまであるが，共通している部分はある。子どもが家族の深い愛情を感じながら，今後の自分たちのあり方について考えを持つことができるようにしたい。

(3) 事後指導へのつなげ方（アイデア）

・第4学年で行うときには，2分の1成人式など家族とのつながりを感じる単元と関連させながら，家族への思いを深めることができる。

・道徳の生命尊重の内容項目と関連させて，家族について考えさせる場を設ける。

ワークシート☞P167

10 高学年（5年生）

教材 すれちがい

内容項目 相互理解・寛容，規則の尊重

古見　豪基

問題解決的な授業デザイン！

　本教材では，「相互理解，寛容」と「規則の尊重」をテーマにすることができるが，実際に約束を守ることは大事だが，友達がそれを守れなかった場合，どう行動すべきか，よし子とえり子それぞれの問題点と解決策を考え，議論する。そして，そこからねらいである「相互理解，寛容」の心に迫る。

● 主題および教材

(1) **授業の主題：広い心とは**

　「寛容」とは，自分の心を広げ，相手の心や言動を受け入れることである。謙虚な心で自己を見つめることを自覚することで，相手の失敗や間違いをあたたかく許せる人間的包容力が磨かれていく。

(2) **教材名**：「すれちがい」
出典：作　谷口清子，『5年生の道徳』文溪堂
あらすじ：仲よしのよし子とえり子が，ピアノのけいこに行くことを約束した。しかし，私情により一緒に行けず，えり子がよし子を待たせてしまった。約束を破ってしまったことに対して，謝るえり子とそれを受け入れようとしないよし子。お互いの気持ちがすれちがってしまう。

● 定番教材をこう使う！

(1) 学習問題は何か？

　高学年になると，見通しを持って積極的な取り組みができるようになってくる。しかし，利害の対立が生まれると，どこまでも自己主張をし，なかなか相手の考えを受け入れようとしない場面もみられる。

　本教材では，お互いの立場や思いを固持するあまり，友達関係がすれちがってしまったところに道徳的問題があると考えられる。キーワードである「約束」「広い心」などをもとに問い返しを行い，テーマを追求していくなかで集団での学びを深め，ねらいとする道徳的価値に迫っていく。

(2) 指導の工夫

①それぞれの日記を通してお互いの思いや考えをもとに，問題を見つけていく。また，読む観点として，2人のすれちがった原因とは何かを考えさせることを大切にする。

②すれちがいに至ってしまった2人の問題点や，解決策が比較できるような板書にする。

③解決策を考察した後に，相互理解を支える広い心について吟味していきたい。広い心のよさの理解が深まることで，子どもが考えた解決策に実行性が伴うようになると考えられる。

(3) 評価のポイント

・約束を破ってしまった相手の立場や事情をよく聞いて，今後どのようにすればよい友達関係を築いていけるかどうかという視点で発表しているかを評価する。

・約束を守ることの大切さを自覚しながらも，相手に対する寛容な気持ちを持てるようになったかを評価する。

● 本時の指導

(1) 本時のねらい
謙虚な心を持ち，広い心で相手の失敗や過ちを許すことができる。

(2) 本時の展開

主な学習活動	指導上の留意点・と評価☆
1. 学習テーマを設定する。 ○許すためにはどうしたらよいか。 （ワークシート）	・自分の生活を振り返り，現在の自分の問題として捉えさせ，ねらいとする価値への関心・問題意識を高める。
テーマ：どうすれば広い心を持つことができるだろう？	
2. 教材を読み，学習問題を設定する。 ○ここでは何が問題になっているか。 （ワークシート）	・「あれ，どういうことだろう」という問題意識を持ちながら「広い心とは，何だろう」という観点で教材を読ませる。
学習問題　2人は，どうするべきだったのでしょうか。	
3. 教材について話し合う。 ○よし子さんの問題点は何か。 ・あいまいな約束をしてしまった。 ・話も聞かずに怒ってしまった。 ・えり子さんが謝罪しても許さなかった。 ○えり子さんの問題点は何か。 ・よし子さんとしっかり連絡を取らなかった。 ・「勝手な約束だ！」とよし子さんを責めた。	・よし子さんの思いとえり子さんの主張を比較することで2人の問題点を考え，2人がそれぞれ見つめなおすべき寛容について考えさせる。

○よし子さん,えり子さんそれぞれどうすべきだったか。 ・えり子さんの事情をよく聞く。 ・ピアノの先生に理由を話して,レッスンを受ける。 ・えり子さんのお母さんに協力してもらう。 ・怒っている理由をしっかり聞く。	☆相手の立場や事情をよく聞いて,今後どのようにすればよい友達関係を築いていけるかという視点で発表しているか。

話し合いのキーワード

(よし子さん側) えり子さんが誘う
えり子さん,どうしたのかしら　30分近くも待った　約束
(えり子さん側) よし子さんに電話するが誰も出ない
「ごめんね。あのー」　もう二度と

○よし子さんとえり子さん,それぞれ自分の言い分に必要な心や大切なものは何か。 ・相手の事情をよく聞く。 ・相手の先のことを考える。	・それぞれの共通した広い心を支える心を吟味することで,ねらいとする価値の自覚に迫りたい。
4．全体の学習を振り返り,考える。 ○自分の経験を振り返りながら今日学んだことを書きましょう。 　(ワークシート)	☆相手に対する寛容の気持ちを持てるようになったか。

● 授業の取り扱い説明書―問題解決的な授業のポイント― ●

板書計画

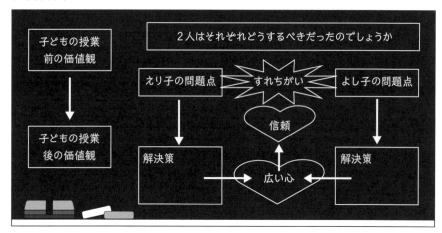

(1) 学習問題を設定しよう

①教材のよし子, えり子の日記をそれぞれ読み, お互いの心がすれちがう理由として「何が問題なのか」を問いかける。

②よし子さんの思いに共感させる。

③えり子さんの思いに共感させる。

※よし子さんがえり子さんとすれちがってしまった結果について考えさせる。

④もう一度, よし子さんの思いに触れさせることで, よし子さんがえり子さんとすれちがってしまった問題点について考えさせる。

※理由をワークシートに書かせ, 話し合いの土台とする。

(2) 問題解決に向けて動き, ねらいに迫ろう

①「2人はどうするべきだったのでしょうか」という問いをもとに, 問題解決に向けてテーマを追求していく。

※教師は,「どうしてそう思うか？」「そうしたらどうなるか？」など, 解決策の結果を考察していくように問いかける。

※話し合いでは,「もし自分だったらどうするか?」「誰に対しても同じように行動するのか?」など,自分事として捉えさせていきたい。
- (例)「自分がよし子さんのように30分も待たされていいのか?」など,可逆性を問うようにしていく。
- (例)「えり子さんのお母さんに協力してもらうのは,みんなに通用する考えなのかな?」など,普遍性を問うようにしていく。

②解決策を考察した後,「広い心を持つのに大切なことは何か?」について吟味していく。
　※個別的な視点で考えるのではなく,さまざまな角度から多面的・多角的に考えられるように問い返しを行い,自己の考えや議論を深めていく。
③終末では,本時で学んだことを実践で生かすために,「何を学んだのか」を明確にしていく。また,集団での学びの共有を大切にしていく。

(3) 事後指導へのつなげ方(アイデア)
- 相手を広い心で許していこうとする気持ちはどんな風に湧きあがってくるのか,毎日の生活の中でも考えながら過ごしてみる。
- わかったことや難しさを感じたことなどを道徳ノートに記録していく。
- 1週間程度後に,学級で紹介する機会を設ける。
- 定期的に紹介する機会を設けることで,道徳の時間に感じたことを毎日の生活に行おうとする意欲を高める。
- 難しいと感じたことを道徳の時間に話し合い,学級で道徳的な観点から解決策を考え,さらに毎日の生活の中で実践していく。
- 道徳ノートを道徳教育の観点から,生活の中で生かしていけるツールにしていきたい。

ワークシート☛P168

● 実際の授業記録

(1) 導入「子どもの道徳的価値観を問うことで問題意識を高める！」

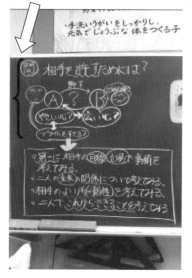

T：相手を許すためには？
C：Bがごめんなさいと謝る。
T：謝らないと許さないの？
C：Aにやさしい心があれば許せる。
C：プライドを捨てれば許せる。
T：じゃあ，Aは妥協するんだね。
C：なんかAもBもスッキリしないね。
C：広い心を持てばいいかもね。
C：なるほど！　やさしい心と何か関係あるかもしれないな。
C：広い心はどうしたら持てるのかな？
T：今日は，それをテーマにしましょう！

(2) 展開（問題設定と問題解決）

展開①【学習問題】
・2人はどうするべきだったでしょうか？

展開②
・それぞれの問題点（足りない点）
・解決策について考える

展開③【学習テーマ】
・広い心とは何か？

②えり子の問題点と解決策	②よし子の問題点と解決策
【問題点】 ・よし子さんとしっかり連絡を取らなかった。 ・買い物時間をよく考えていなかった。 ・「勝手な約束だ！」とよし子さんを責めてしまった。 【解決策】 ・よし子さんのお母さんに協力してもらって事情を説明してもらい説得する。 ・怒っている理由をしっかり聴いてわかり合う。	【問題点】 ・えり子さんの話も聞かず自分の考えだけで怒ってしまった。 ・あいまいな約束をしてしまった。 ・えり子さんが謝罪しても許さなかった。 【解決策】 ・えり子さんの事情をよく聴き，理解する。 ・えり子さんが心配なら家に行って様子を見てくる。 ・ピアノの先生に遅れた理由をしっかり話して，レッスンを受ける。

③【学習テーマ】それぞれ自分の言い分に必要な心や大切なものは何ですか。

- 相手と同じ目線に立って考える。
- 相手の事情をよく聴く。
  →自分の行動と心を振り返る。
- 相手の先（未来）のことを考える。

広い心
相手の立場に立って考える。
思いやる心

(3) 終末「導入の価値観と終末時の価値観との比較→学びの更新！」

- 第1に相手と同じ目線・立場で，相手の事情についてよく考えてみる。
- 2人のよい未来の関係について考えてみる。
- 相手のよいところ（個性）を見つめて考えてみる。
- 2人でこれからできることを考えてみる。

⑪ 高学年（6年生）

教材
ロレンゾの友だち

内容項目 友情, 信頼

幸阪　創平

問題解決的な授業デザイン！

　本教材は、「友情とは何か？」をテーマに友情の持つ力について多面的に考えさせる。1時間目は、「アンドレ、サバイユ、ニコライの中で、ロレンゾとの友情を感じるのは誰か？」という3項対立の発言から、教材「ロレンゾの友だち」を読んで自分の立場を明確にする。2時間目は、みんなで3人の友達観を議論するなかで、友情のあり方をより多角的に考える。3人に共通する友情観、相違する友情観の比較を通して、前時に気づくことができなかった新たな友情観に目を向けさせていく。

● 主題および教材

(1)　**授業の主題：友情があれば**

　高学年の時期には、子どもたちは友達関係を今まで以上に意識すると同時に、よりよい関係を築いていく過程で悩んだり不安になったりすることもある。多様な友情のあり方を学ぶことで、友情に対する見方を広げたり、友情の持つ力を見いだしたりすることで、望ましい友達関係づくりへとつなげていけるようにしたい。

(2)　**教材名：「ロレンゾの友だち」**

出典：『みんなで考える道徳　6年』日本標準

あらすじ：罪を犯したかもしれないとされる旧友ロレンゾへの対応を巡り、アンドレ、サバイユ、ニコライがそれぞれの立場で話し合う。

● 定番教材をこう使う！

(1) 学習問題は何か？

　本教材の学習問題は「真の友情とは何か」「ロレンゾの友達としてどう行動したらよいか」である。

　本実践では，「アンドレ，サバイユ，ニコライの中で，ロレンゾとの友情を感じるのは誰か？」という3項対立の問題をはじめに設定し，それぞれの意見の子どもに理由を問い返すなかで，「子どもの意識に根ざした学習問題」を設定していく。ロレンゾに対する「信じる心」「一生懸命考えようとする心」「思いやりの心」などがキーワードになる。

(2) 指導の工夫

①3項対立のスケール上にネームプレートを貼らせることで，子ども一人一人の立場を顕在化させる。仲間のネームプレートの配置に興味・関心を持たせながら，自発的な対話を生み出したい。

②第1次判断で使うネームプレートと第2次判断で使うネームプレートを色を変えて用意し，思考の変容を可視化する。

③子どもが自席を離れ，自分と意見の異なる仲間を優先的に探し出し，より主体的に意見を交流できる「たずね歩き」を取り入れる。

(3) 評価のポイント

　ほかの子の意見をもとに多面的・多角的に考え，前時には考えつかなかった新たな友情観に気づくことができたかを評価する。これは，第1次判断から第2次判断の考えの変容を，ネームプレートや子どもの発言，ワークシートの記述から評価する。

　学習の振り返りの場面で，「これからの自分の生活に役立つ考えを発見できたか」「自分の経験や体験を踏まえて考えられたか」「『自分なら～』で考えられたか」という視点に照らし，自分事として捉えたかをワークシートの記述から評価する。

● 本時の指導

(1) 本時のねらい

　友情があるからできることを考えることで，友情の価値や友情の持つ力について理解し，これからのよりよい友達関係づくりに生かしていこうとする判断力を育てる。

(2) 本時の展開

	主な学習活動	指導上の留意点・と評価☆
1／2時間目	1. 友情があるからできることについて考える。 ○友情とは何か？　また，友情があるからできることは何か？ ・お互い励まし合うことができる。 2. 教材「ロレンゾの友だち」を読んで話し合う。 学習問題 アンドレ，サバイユ，ニコライの中で，ロレンゾとの友情を感じるのは誰か。 アンドレ ・自分も罪を犯してでもロレンゾのことを考えているから。 サバイユ ・罪を犯すことはいけないことだと伝えているから。 ニコライ ・罪を犯すことはいけないことだと伝え，自分から進んで行動しようとしているから。 迷う ・ロレンゾ本人に事情を聞くことを大切にして判断したい。	・日常生活を振り返り，人間関係や感情を視点にして，友情の意味を考えさせた後，学習問題を提示する。 ・ロレンゾとアンドレ，サバイユ，ニコライの人間関係を教材の内容から理解させる。 ・ロレンゾを中心にその周りをアンドレ，サバイユ，ニコライの三角形で取り囲み，人間関係が構造的板書する。 ・もし，どちらかの立場に片寄ってしまった場合を考え，補足条件を準備する。 〔補足条件〕 【アンドレ】 ・自分も共犯になってもよいか？ ・ロレンゾのためになるのか？ 【サバイユ】 ・自分も共犯になってよいか？

		・納得しない場合とは何か？ 【ニコライ】 ・ロレンゾはうれしいだろうか？ ・ロレンゾが罪を犯してなくてもそれでよいのか？　など
2／2時間目	3．前時を振り返り，自分と立場の異なる仲間と話し合う。 (1)第1次判断のネームプレートを貼る。 (2)「たずね歩き」をする。 　アンドレ…赤色 　サバイユ…緑色 　ニコライ…青色 (3)第2次判断のネームプレートを貼る。 4．3人の友情観の相違点をもとに問いをつくり，話し合う。	☆ワークシートを活用し，アンドレ，サバイユ，ニコライの三角形のどの位置に自分自身の立ち位置があるか印をつけさせ，その理由を書くことができたか。 ・ネームプレートの配置状況を俯瞰させ，多様な気づきを引き出すようにする。 ・3色の色画用紙を使って「たずね歩き」に取り組ませる。 ☆ワークシートで，「たずね歩き」後の自分の考えを書かせ，思考の変容を自分自身で自己評価させることもできる。
	学習問題 3人に共通する友情とは何か。 自分が考える本当の友情とは何か。 サバイユには友情がないのか。　など	
	話し合いのキーワード 信じる心　一生懸命考えようとする心　思いやりの心　など	
	5．友情があればできることについて考える。 ○友情があるからできることは何か。 ・最後までお互いを信じ合うこと。 ・時間が経ってもけっしてお互いを思う気持ちは切れないこと。 ・自分を犠牲にしてまで，相手のためにつくすことができること。 ○学習から学べたこと，生活に役立てそうなことを考えよう。	・前時の学習問題について改めてたずねることにより，多面的な思考を引き出す。 ☆「考える視点」に照らして，自分の考えを持つことができたか。

実践編

高学年

● **授業の取り扱い説明書**－問題解決的な授業のポイント－ ●

板書計画

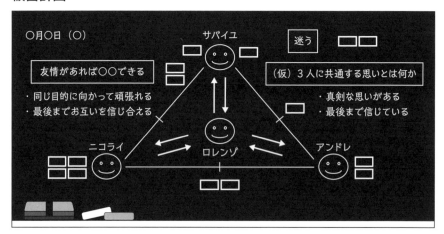

(1) 学習問題を設定しよう

　教材を読んだ後，子どもの意識に根ざした学習問題を設定する前に，「アンドレ，サバイユ，ニコライの中で，ロレンゾとの友情を感じるのは誰か？」とたずね，3人の友情観を表した3項対立のスケール軸に，全員のネームプレートを貼らせる。

　その後，ネームプレートの配置状況に応じて，「子どもの意識に根ざした学習問題」を設定していく。学習問題は1つに限定されるものではなく，「3人に共通する友情とは何か？」「自分が考える本当の友情とは何か？」「サバイユには友情がないのか？」など，子どもの発言やネームプレートの配置状況から学習問題を設定する。

(2) 問題解決に向けて動き，ねらいに迫ろう

　「アンドレ，サバイユ，ニコライの中で，ロレンゾとの友情を感じるのは誰か？」を軸に，学習問題を適宜立てながら，多角的な視点から友情について考えていく。この際，子どもの思考を深めるために，「本時の展開」（P124）に記した「補足条件」を問い返しとして活用する。また，子ど

もが自席を離れ，自分と意見の異なる仲間を優先的に探し出し，より主体的に意見を交流できる「たずね歩き」を取り入れる。

　第1次判断と第2次判断で，自分のネームプレートの配置（考え）に変化があったり，まったく変化がなかったりした子どもに，「友達のどんな考えを参考にそう判断したのか」と判断理由を聞くことで，子ども同士の対話的な学びを引き出していく。

　さらに，最終的なネームプレートの全体配置を俯瞰することから見えてくる，「子どもの意識に根ざした学習問題」を設定する。例えば実際の授業では，アンドレの周辺にネームプレートが少なかったことから，「アンドレには友情がないのか」という学習問題が設定された。

(3) 事後指導へのつなげ方（アイデア）

　授業中や休み時間，係や当番活動などの生活場面における友達とのかかわり方を通して，お互いの気持ちや立場を考えてよりよい人間関係を築いていこうとする子どもの姿を見取ることで授業との関連を図る。

ワークシート ☛ P169

● 実際の授業記録

(1) 1／2時間目

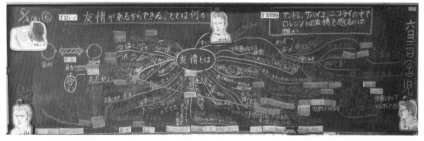

　第1時の導入では，ウェビングマップのように黒板の中心に「友情とは○○」と書き，○○を思いついた子どもから「枝（ブレンチ）」を伸ばして黒板に記述させていった。特に，「信頼し合える関係」というブレンチを伸ばしたKの記述から，友情の相互性を学級で確認することができた。

　次に，赤色のチョークを活用し，さまざまに出てきた友情観から「友情

があるからできること」のブレンチを伸ばしていった。子どもたちは黒板一面に広がったブレンチを見ながら，特に共感するブレンチにネームプレートを貼り，その理由を伝え合った。

その後，教材「ロレンゾの友だち」を範読し，「アンドレ，サバイユ，ニコライの中で，ロレンゾとの友情を感じるのは誰かな？」と問い，ワークシートに考えを記述させた。

(2) 2／2時間目
①導入

前時を振り返って友情の捉え方を確認し，ワークシートに書いた内容を確かめさせた。そして，自分が「ロレンゾとの友情を感じる人物のところ」に黄色のネームプレートを貼らせた。

ネームプレートは，ニコライ，サバイユ側に多く，アンドレ側に少なかった。理由の中心は，「ニコライはロレンゾの将来を考えているから」「サバイユはロレンゾに選択権を与えているから」という意見であった。また，3人には共通する友情があると考えた子どももいて，「みんなロレンゾのことを真剣に話し合っているから」「みんな仲間のことを思っているから」などの理由があがった。いっぽう，「アンドレとサバイユの間にネームプレートを貼った人はどういう考えなのだろう？」と疑問を持つ子どももいた。ネームプレートで意見が可視化されたことから，問いを持つ子どもの姿を見取ることができた。

②展開

その後，考えの異なる仲間を自分で探して意見を交流し合う「たずね歩き」に取り組んだ。「たずね歩き」終了後，考えが変わった子どものみネームプレートを移動するよう促した。ネームプレートは色を変えて，変化が見てすぐわかるように可視化した。

ニコライからサバイユへ移動した子どもが多いなか，サバイユとアンドレの間にネームプレートを移動させた子どもが2人いた。1人は，「ロレ

ンゾにも事情があるのだから，直接聞くことが大切。（いきなり）自首させるのはひどいのではないか」と発言した。もう1人の子どもからも，「お金を持たせて逃がすということは自分も共犯になるのに……（それでも助けたい）」という

発言が付け足された。サバイユ，ニコライの友情に意見が集中していたなか，2人の意見は，アンドレの友情観を学級の子どもたちに気づかせるチャンスとなった。

そこで教師が「共犯も覚悟のうえのアンドレには友情はないのか？」という問いを子どもたちに与えた。アンドレの友情観については，子どもたちから「友達を裏切らないこと」「やってないことを信じてあげたい気持ち」「絆が強いこと」などの考えが出された。

このような一連の展開は，可視化されたネームプレートの配置状況から子どもの意識に根ざした問いを生み出す過程と位置づけることができる。

③終末

最後に，この学習を通して新しく気づいた友情観を子どもたちに板書させると，「自分のこと，友達であることを信じぬく友情」「厳しいけれど，友達のことを思っている友情」「友達の幸せを思える友情」など，1時間目には表出されなかった友情観が多く子どもたちから出された。

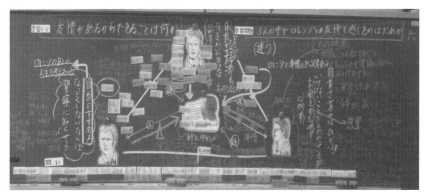

12 高学年（6年生）

教材
うばわれた自由

内容項目 自律・自由と責任，規則の尊重

古見　豪基

問題解決的な授業デザイン！

　本時では，ジェラール王子の自由を道徳的問題として捉え，森の番人ガリューの自由と比較させ，自由の質の違いについて考えていくことで本当の自由について追求していく。また，自分の生活の中で，「自由と責任」の関係や「規則の尊重」の関係がどのように関連しているのかを改めて見つめ直すことで，「本当の自由」を大切にしていこうとする意欲を養うことができると考える。

● 主題および教材

(1)　**授業の主題**：自由について考えよう

　人間らしく生きていくためには，「自由」は大切なことである。他者への自由を保障するためにも，自問しながら善悪の判断をする力は必要である。責任を自律的に果たし行動することで，「自由」と「自分勝手」を混同することなく，「自由」を保障していく資質・能力を育成していきたい。

(2)　**教材名**：「うばわれた自由」

出典：作　江橋照雄，『私たちの道徳　小学校5・6年』文部科学省

あらすじ：森の番人ガリューが，森のきまりを破ってわがまま者のジェラール王子に進言する。しかし，反論したことを理由に牢屋に入れられてしまう。その後，ジェラール王子は王位に就くが，国は乱れ，裏切りに合い牢屋に捕らえられる。そして，ガリューに再開し自由について語り合う。

実践編

● 定番教材をこう使う！

(1) 学習問題は何か？

　子どもは、「自分勝手」や「わがまま」がいいことではないということを学校や家庭などで言い聞かされており、保護者や教師や自分よりも目上の人の前では「わがまま」を自制している子も多い。しかし、同級生や自分より目下の子に対して、力でわがままを押し通してしまう子どももいる。本教材では、「自分勝手」に任せてきまりを破り動物を捕ろうとするジェラール王子の「自由」に道徳的問題があると考えられる。森の番人ガリューの自由との違いについて考えることで、本当の「自由」について考えさせたい。

(2) 指導の工夫

・教材を読み合うなかで、考えたいと思う課題を子どもとじっくりと深く探り、学習問題をつくることで、主体的に取り組む姿を引き出す。
・自己の生活と結びつきを強めるために、はじめに大テーマで問いかける。次にテーマと合わせて、教材にある人物の行動や気持ちを具体的に考えて行くことで、「自由」という漠然とした話題をより具体的で身近に考えていくことができるようにする。
・ねらいに迫るキーワード（「自由」「きまり」「他人」など）を話し合いの場で大切にしながら、話し合いを進める。
・話し合いは、教材を分割して扱うことで話題を整理しながら進める。
・ねらいについて、個々にワークシートをまとめることで、個々の考えを深めていく。

(3) 評価のポイント

・自由と規律が葛藤する状況を多面的・多角的に考えて、どのように行動すべきかについて考えているかを評価する。
・本時で学んだ「自由」について、これからの生活にどう生かせるか考えているかを評価する。

● 本時の指導

(1) 本時のねらい
「自由」と「わがまま」とは異なることを理解し，他人に迷惑をかけず，よく考えて行動しようとする。

(2) 本時の展開

主な学習活動	指導上の留意点・と評価☆
1. 学習テーマを設定する。 ○「自由」とは何か。 　（ワークシート）	・自分の生活を振り返り，現在の自分の問題として捉えさせ，ねらいとする価値への関心・問題意識を高める。
テーマ　本当の自由について考えよう！	
2. 教材を読み，学習問題を設定する。 ○ここでは何が問題になっているか。	・「あれ，どういうことだろう」という問題意識を持ちながら，「広い心とは，何だろう」という観点で教材を読ませる。
学習問題　ジェラール王子はどうすればよかったのでしょうか。	
3. 教材について話し合う。 ○ガリューとジェラール王子の自由とは何か。 　ガリュー ・動物の自由を守る。 ・森の自由を守る。 ・お互いの自由を尊重している。 　ジェラール王子 ・自分勝手。迷惑になる。 ・国の人々や動物の自由を奪う。 ・自分の自由まで失う。 　（ワークシート）	・それぞれの自由の捉え方を明確にし，それぞれの考えを比較することでねらいとする価値に迫れるようにしたい。

実践編

話し合いのキーワード

裏切り　王位　自由　うばう　おまえの言葉　受け入れる
手遅れ　本当の自由　生きる

○ジェラール王子はどうするべきだったか。 　（学習問題）→（解決策） 　（ワークシート） ・人のアドバイスをしっかり聴く。 ・「自由」の意味をよく考える。 ・わがままを通さず，模範的になる。	・ジェラール王子の自由の間違った捉え方から自分が取るべき行動について考察していく。 ・2人に共通している部分や違っている部分を考えることで解決策を導き，学級の合意を大切にすることで考えていく。 ☆話し合いのなかで，多面的・多角的にどのように行動すべきか考えているか。
○ジェラール王子が大切にするべき本当の自由とは何か。 　（教材テーマ） ・自分の行動に責任を持つ。 ・人に迷惑にならないか考える。 ・きまりを守る生活を送る。 **4．全体の学習を振り返り，考える。** ○自分の経験を振り返りながら今日学んだことを書こう。 　（ワークシート）	・ジェラール王子が反省すべき行為の部分（解決策）から自由に対するもとの考え方をしっかりと理解させる。 ☆「本当の自由」について，考えているか。 ☆学習を通して学んだことを，これからの生活にどう生かせるかを考えているか。

高学年

● **授業の取り扱い説明書**—問題解決的な授業のポイント— ●

板書計画

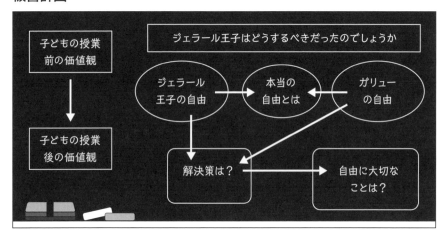

(1) **学習問題を設定しよう**

①ワークシートを使って自由について「何が問題なのか」を問いかけてから,「うばわれた自由」を読む。

②初めにガリューが,森の番人としての森を守らなければならない思いについて考えさせる。

③次にジェラール王子の森での行動について,ジェラール王子自身がどのように考えているのかを問い,ジェラール王子の自由に対する考えについて考える。

④最後にガリューの自由に対する考え方と,ジェラール王子の自由に対する考え方を比較する。

※ジェラール王子の自由に対して疑問を持つ子が出てくるだろう。その疑問を学級の学習問題として取り上げ,問題解決に向けて話し合っていく。

(2) **問題解決に向けて動き,ねらいに迫ろう**

①「ジェラール王子はどうするべきだったのでしょうか」という行為ベースの発問から,自由に大切な心について追求する。

- 多様な解決策を比較検討し、最善の解決策を選び取る必要があるため、以下の発問を中心に行っていく。
- (例)「ジェラール王子の自由を続けるとその結果どうなったのでしょうか？ どうしてそのような結果になったのでしょうか？」(結果の考察)
- (例)「もし自分がガリューのようにされても、ガリューのような自由の考えを持ち続けることができるでしょうか？」(可逆性)
- (例)「ジェラール王子の自由の考え方は、いつでも、どこでも、誰に対しても通用するでしょうか？」(普遍性)
- (例)「これからみんなが幸せになるためにジェラール王子はどうするべきでしょうか？」(互恵性)

  ※問題解決に向けて、「自由」を多面的・多角的に考えられるような発問を工夫する。

②解決策を考察した後、テーマである「自由」のよさについて吟味していく。「ガリューの自由のよさって何だろう？」

③終末では、本時で学んだことを実践で生かすために、何を学んだのかを明確にしていく。

  ※本時で学んだ自由をもとに、これから自由をどのように生活に生かしていくのかを考えていきたい。

(3) 事後指導へのつなげ方(アイデア)

- 自分や自分たちの学級で、「本当の自由」を大切にするにはどうしたらよいかを話し合う。学級のルールなどと関連させて考えていく。
- 自分の生活の中で、「自由と責任と自律」がどう関連しているのかを見つめ直し、「本当の自由」のよさについて話し合う。
- ジェラール王子の今後のことを話し合い、自由を理解したジェラール王子がどんな国づくりをしていくのか、自由観をもとに改めて話し合う。

ワークシート ☞ P170

● 実際の授業記録

(1) 導入「それぞれの立場で自由について考えることで問題意識を高める！」

T：自由って何でしょう？
C：自分だけの自由だと，縛りがなくて，思いのままに行動できるな。
C：相手がいると自由も変わってくるね。
T：自由の何が変わるの？
C：相手がいるから，相手に迷惑かけないように約束しないと自由がなくなる。
C：みんながいる自由は，きまりがないと自由度が少なくなるね。
C：私は，自由度を高くしても責任を持つことで，きまりに縛られない生活がいいと思います。

(2) 展開（問題設定と問題解決）

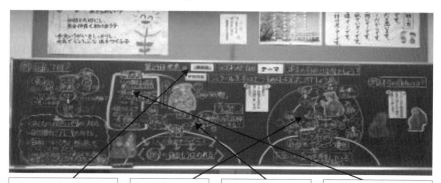

展開①【学習問題】
・ジェラール王子はどうするべきだったのでしょうか？

展開②
・ガリューの自由は何でしょうか？

展開③
・ジェラール王子の自由は何でしょうか？

展開④＜解決策＞
・ジェラール王子はどうするべきだったのでしょうか？

②ガリューの自由は何でしょうか？

- 国の人々や森の中に住んでいる動物の自由を守ること。
- 森を守る＝森の自由を守る。
- 森を守る責任＝森の自由を守る責任。
- みんなが責任のある自由の中で、個性を生かして自由に伸び伸び生活できる。
- お互いの自由を尊重している。
  →「思いやる心」が原動力となっている。
- 伸び伸びと生活できると、自由でつながりお互いを尊重し合うようになる。

③王子の自由は何でしょうか？

- 「自分勝手」「迷惑」になる。
- 自分の自由だけを守るために自分勝手な「きまり」をつくると思う。
- 国の人々や森の動物の自由を奪うことになる。
- 自分でブレーキがかけられなくなり、周りの人に迷惑をかけてしまう。
  →人を不幸にしてしまう。
- 自分の自由まで失ってしまう。

【学習テーマ】ジェラール王子の大切にすべき本当の自由とは何でしょうか。

＜解決策＞
- 人のアドバイスをしっかり聴く。
- 国や森の人々が笑顔になる自由を守るためのきまりをつくる。
- もう一度、国の人々やガリューと本当の自由について話し合いをする。

(3) 終末「学習を通して学んだこと・これからの自分のことを考えよう！」

- みんなへの思いやりが自由な世の中をつくり、自由で伸び伸びと自分らしく生活ができるようになる。
- みんなを意識して自分勝手な考え方にブレーキをかけられるようにする。
- 自由について考え、今後も話し合っていくことが大切。
- みんなが自由でいられるように守っていくという考え方が大切。それが責任ではないか。

13 高学年（5年生）

教材　手品師

内容項目 正直・誠実，よりよく生きる喜び

山田　貞二

問題解決的な授業デザイン！

　本教材は，先約の厳守か夢の実現か「あなただったらどうするか」を学習問題とし，最善解としての解決策を考える問題解決的な授業が基本である。本事例では，それらの話し合いに加え，「約束を守る手品師」「夢をかなえる手品師」として役割演技を行い，共通の価値である「誠実」を見つけさせ，「手品師の行動についてどう思うか」批判的な思考をさせることで，自分に誠実であるとはどういうことか納得解を見つけさせていくのが特徴である。

● 主題および教材

(1) **授業の主題**：自分に誠実であること

　小学校高学年の時期は，周りの言動に影響を受けやすい時期であり，自分自身に対して誠実に生きていこうとする気持ちを持たせることが大切となる。そして，その気持ちは，自己を向上させることや生き方に対する自信につながっていくと考えられる。

(2) **教材名**：「手品師」

出典：作　江橋照雄（えばしてるお），『みんなのどうとく5年』学研

あらすじ：売れない手品師が，公園で出会った少年のために手品をする約束をするが，その晩，友人からの依頼によって，夢であった大劇場で手品をするチャンスが訪れる。しかし，手品師が選んだのは，1人の少年のための手品であった。

● 定番教材をこう使う！

(1) 学習問題は何か？

　この教材は定番中の定番であるが，道徳的価値が複数内在しており，授業がどこへ向かうかわからない可能性を持った教材である。だからこそ，子どもはさまざまな価値と価値の間で揺れ動き，多面的・多角的な解決方法を考えることができる。ここに，この教材の魅力がある。

　この教材で，子どもの心に葛藤が生まれるのは，やはり友人から大劇場での手品を誘われる場面である。少年との約束を守ろうとする思いと大劇場で手品をするという自分の夢を実現させたいという思い。ここに主人公の迷いが生じ，これをいかに解決するかということが学習問題となる。この学習問題はジレンマ的であるが，どちらを選択しても，そこには，「誠実」という道徳的価値が内在している。大劇場に行くことは，「誠実ではない」と捉える授業が多いが，自分の夢に向かって正直に行動しようとする心は「誠実」と呼ぶにふさわしい行動である。この考え方を基盤とする。

(2) 指導の工夫

①本授業では，分断することなく，全文を始めから資料提示する。展開の後半で主人公の行動について分析的に考えさせ，「誠実」な行動をすることとはどういうことかを客観的に思考させるためである。

②「約束を守るか」「夢を実現させるか」という学習問題に対して，小集団での話し合いに加えて，役割演技を取り入れる。この役割演技は，手品師と友人という役割設定ではなく，「約束を守る手品師」と「夢をかなえる手品師」として行う。これは一見，相対立する考えの中に「誠実」という共通の価値があることを子どもに見つけさせるねらいがある。

③展開の後半において，少年との約束を守った手品師の行動についてどう思うかを，批判的な立場に立たせて考えさせる。その際，電話した手品師の友人の姿を借りて，手品師にどんな言葉をかけるかを具体的にイメージさせる。

(3) **評価のポイント**

「約束を守るか，夢を実現させるか」を議論するなかで，多面的・多角的な見方・考え方をすることができたかを評価する。また，自分が望んだ生き方に向かって選択することが誠実な生き方であることに気づき，誠実な生き方について考えることができたかを評価する。

● 本時の指導

(1) **本時のねらい**

手品師が，「約束を守るか」「夢を実現させるか」で葛藤する姿を通して，誠実に生きることの意味について考えさせる。

(2) **本時の展開**

主な学習活動	指導上の留意点・と評価☆
1．「誠実」という言葉のイメージを発表する。 ○「誠実な行動」とは，どんな行動だと思うか。 ・うそをつかないこと。 ・相手のことを考えること。 ・思いやりのある行動。	・深く掘り下げず，発表だけにとどめる。
2．教材を読み，学習問題を設定する。 ○手品師は，何で迷っていたか。 ・少年との約束を守るか，大劇場での夢をかなえるか。	・手品師の言動に着目させて範読を聞かせる。 ・最後まで範読する。
学習問題　少年との約束と友人からの大劇場への誘いで迷っている手品師。自分だったらどうするか。	
3．解決方法を話し合う。 ○自分の考えをまとめ，小集団や学級全体で話し合う。	・ワークシートに考えを書かせるとともに，話し合いでの，友達の気になる意見も書き留めさせる。

①少年との約束を守る ・先に約束している。 ・少年を喜ばせてあげたい。 ②大劇場へ行く ・夢を実現するチャンス。 ・自分の気持ちに正直になる。 ③その他 ・後で少年に謝る。 4．役割演技を行い，「誠実」な行動について考える。 ○①と②の立場の手品師になって役割演技をする。	・行動の理由についても発表させる。 ・第3の解決方法についても積極的に取り上げる。 ・黒板には思考ツールのYチャートを使って考えを分類する。 ☆話し合いを通して，多面的・多角的な考えをすることができたか。 ・立場の違う手品師同士の役割演技を行うことにより，相違点と共通点をはっきりさせていく。 ・教師はファシリテーターに徹する。 ・2〜3組ほど行う。

```
          話し合いのキーワード
うそをつく　正直　後悔する　悲しませる　約束　誠実　スッキリと
夢　今しか
```

5．手品師の選択を考える。 ○翌日の少年や友人になり，手品師に声をかける。 6．学習を振り返る。 ○今日の学習で学んだことを発表する。	・③も積極的に参加させることで2つの方法にとらわれず，自分に正直に生きることとはどういうことかについて考えを深める。 ・教師が手品師役になって，役割演技の中から言葉を聞き出す。 ・手品師以外の立場から，手品師の行動を多角的に考えさせる。 ・ワークシートを使い，「誠実」な行動について学んだことをまとめる。 ☆誠実な生き方について気づき，考えることができたか。

● **授業の取り扱い説明書**—問題解決的な授業のポイント— ●

板書計画

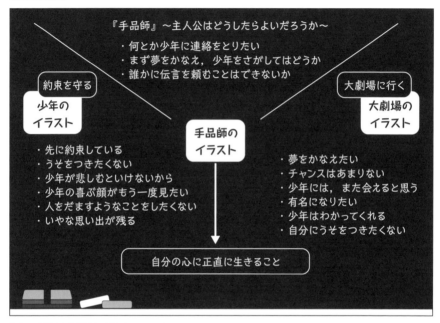

(1) **学習問題を設定しよう**

①教材の全文を情感豊かに範読し,「手品師は何を迷っていたか」と問いかける。範読の前には,手品師の言動に着目するよう視点を与える。

②手品師の葛藤場面を確認した後,「手品師はどのような行動をとったらよいか」という学習問題を設定し,個々に解決の方法を考えさせる。

③②の理由をワークシートに書かせ,話し合いの土台とする。

④一般的には,「少年との約束を守る」と「大劇場に行く」という二者択一的な行動になると考えられるが,あえて限定せず,両方を実現させようとする考え方も大いに認めていく。

⑤ただし,現代的な通信ツールである携帯電話やスマートフォンの使用はこの資料の時代にはないことと,移動には時間がかかったことを背景と

して押さえる必要がある。議論が安易な方法論に流れないようにするためである。

(2) 問題解決に向けて動き，ねらいに迫ろう

- 各自の考えを小集団（4人程度）で発表し合い，お互いの考えを知る。その際，友達の考え方で印象に残ったものをワークシートにメモさせる。他者の考えを知り，自己を見つめるための貴重な記録とするためである。
- 自分はどの立場にあるかを表現させるために，意思表示用のサインボードを使用すると個々の立場がよくわかり，意図的な指名がしやすくなる。
- 学級全体の話し合いでは，それぞれの行動の裏側にある思いを共有していく。板書は，その思いが目に見えるような構造的な板書を心がける。「板書計画」のような「Yチャート」などの思考ツールを使うとよい。
- 全体で，それぞれの思いを共有した後，「誠実な行動とはどのような行動か」を多角的に解決するために，役割演技を取り入れる。その際，「約束を守る」手品師と「大劇場に行く」手品師との演技を行う。ファシリテーターの教師は，2人の演技からキーワードを取り出し，観衆であるほかの子どもの意見もつなぎながら，「2人の共通項」を子どもとともに見つけ出していく。この授業の醍醐味がここにある。
- 役割演技は，「なぜ，その行動をするのか」という理由が中心となるが，「手品師の心が自分に偽りのないものである」ということが，この問題解決の大きな手がかりとなる。これを意識して役割演技を展開することが大切である。
- 特に「うそをつく」というキーワードが大きな意味を持つ。

(3) 事後指導へのつなげ方（アイデア）

- ワークシートに保護者の感想を書くスペースを用意し，家庭でも手品師の行動について話し合う機会を持つ。
- 帰りの会などで，自分が見つけた「誠実な行動」を発表する。

ワークシート ☛ P171

14 高学年（6年生）

教材
最後の一葉

内容項目 よりよく生きる喜び

山田　貞二

問題解決的な授業デザイン！

「よりよく生きる喜び」はテーマが大きいため、論点を絞る必要がある。まず、「最後の一葉」を読んで子どもの初発の感想をもとに、「生きる意味」に関して学習問題を設定する。次に資料全体のテーマを把握させ、「どうすれば登場人物が生きる希望を見いだせるか」について具体的に問題解決をしていく。最後に、より一般的に「よりよく生きるためにはどうしたらよいか」を考えられるようにする。

● 主題および教材

(1) **主題名**：夢や希望のある生き方

　この時期は、自分の将来に夢や希望を持ち始める時期である。同時に他者との比較によって自分に自信が持てず悩んだり、苦しんだりすることが少なくない。こうした時期に、気高い人間の生き方に触れ、障害を乗り越えたときに得られる喜びの大切さを感じさせることは意義深い。

(2) **教材名**：「最後の一葉」

出典：作　オー・ヘンリー、『道徳　6年』光村図書
あらすじ：肺炎に罹った画家のジョンジーは、つたの葉がすべて落ちるとき自分も死ぬと考え、生きる希望を失っていた。最後の1枚になったとき、嵐がやってくるが葉は残り、彼女は生きる希望を取り戻す。いっぽう売れない画家ベルマンは、1枚の葉を描き肺炎をこじらせ死んでしまう。

● 定番教材はこう使う！

(1) 学習問題は何か？

　苦しいとき，辛いときに，人はどうしても希望を持てず自暴自棄になりやすい。この教材に登場するジョンジーは生きる希望を見いだせず，「最後の一葉」に自分の死を重ねている。親友のスウは，ジョンジーの姿に心を痛めているが，何もできずにいる。ベルマンは，自分の画家として能力を発揮できず，傑作を描けずにいる。そんな3人がいかにして生きるべきかという道徳的問題について考えを深めたい。

　この物語では，ベルマンが命を賭けてまで「最後の一葉」を描いたわけだが，なぜ彼はそうしたのか，何がそこまで彼を突き動かしたかという問題も浮上してくる。そこで，これを2つめの学習問題として設定し，多面的・多角的な話し合いを実現させ，「生きる喜びとは何か」「本当の幸せとは何か」という主題に迫っていく。

(2) 指導の工夫

①物語の前半を中心に何が問題か，どう解決するかについて学習問題を設定する。次にベルマンの行動について考え，よりよく生きるためにどうするべきかを考え，教師と子どもが一緒に解決へ向けての意見交流する。

②どう生きるべきかについては多様な意見が出るため，板書で分類しながらまとめる。その際，イメージマップなどの思考ツールを使って，学習問題がはっきりとわかるような工夫をする。

③この教材では，病気のジョンジーの姿から生きる喜びを感じさせる授業を目にすることが多いが，本時では，三人三様の苦悩と喜びを話し合うことで，多面的・多角的に道徳的な問題を考えられるようにする。

④内容把握が困難と見られる場合は，事前に資料を配付し既読させるとともに，絵本をプロジェクターにより拡大表示するなど，イメージ化を助ける工夫も考えられる。

(3) **評価のポイント**

　物語の前半で3人の登場人物が、それぞれに苦悩や障害を抱えている点を理解し、どうしたらよいかを考え判断し話し合う過程を評価する。また、物語の後半で登場人物がよりよく生きようと変化した理由は何かを追求する姿を発言やワークシートから評価する。そして、子ども自身が「共によりよく生きること」について考える姿を見逃さないことが大切である。

● 本時の指導

(1) **本時のねらい**

　「最後の一葉」をめぐるジョンジー、スウ、ベルマンの姿を通して、夢や希望を持ち、障害や苦しみを越えてよりよく生きようとしたことを理解し、よりよく生きようとする意欲や態度を育む。

(2) **本時の展開**

主な学習活動	指導上の留意点・と評価☆
1．教材の前半を読み、学習問題を設定する。 ○物語の前半では何が問題になっているか。 ・ジョンジーが前向きに生きようとしないこと。 ・最後の一葉が落ちると、自分も死ぬと思い込んでいること。 ・スウは何もしてあげられず悩んでいること。 2．学習問題を解決する。	・範読の際、イメージをつくるために絵本を利用する。 ・感想は、ジョンジーの考えを中心に構造的に分類して板書する。 ・時間的に厳しい場合は、資料の事前配付も考える。 ・子どもとともに分類した中から問題を設定する。 ・3人が何に困っていたかを確認する。
学習問題 ジョンジーが前向きに生きようとするためには、どうしたらよいだろうか。	

・最後の一葉とジョンジーの命とは関係がないと説得する。 ・夢や目標を持ち，それに集中すればよい。 ・「最後の一葉」が落ちないように縛りつける。	・ワークシートに自分の考えを書かせた後，小集団で話し合いを行う。 ・登場人物一人一人について，どのように生きたらよいかを考えさせる。

```
┌─────────── 話し合いのキーワード ───────────┐
│ ジョンジー…自分の幸せ　　ベルマン…人の幸せを自分の幸せに │
│ スウ…友達が喜び　　喜びを与える　　人のために　　自分のために │
└──────────────────────────────────┘
```

3．○なぜ「最後の一葉」の絵は傑作なんだろうか。	・ベルマンの絵を中心に話し合い，その中でジョンジーやベルマンの希望や喜びを考えさせる。 ・板書は，3人の喜びの違いがわかるよう，構造的なものとする。 ・3人それぞれの幸せを手がかりにして，道徳的価値を深める。
4．学習を振り返る。 ○「よりよく生きる」ためにはどうしたらよいだろうか。 ・人のために何かしてあげる。 ・困っている人を助ける。 ・自分が納得する仕事をする。	☆3人の生き方をもとにして，よりよく生きるためにはどうしたらよいか考え，判断しているか。

● 授業の取り扱い説明書 ―問題解決的な授業のポイント― ●

板書計画

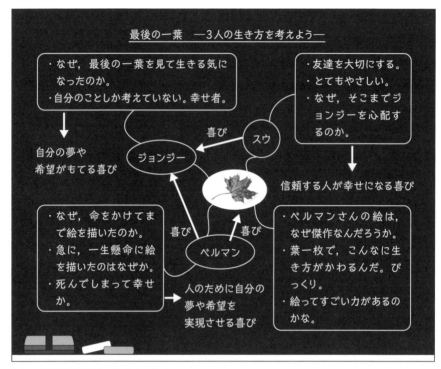

(1) **学習問題を設定しよう**

・この作品は，子どもの実生活とは遠い世界にある話であるが，前半にある問題場面で区切り，自分事として問題を考えるようにさせる。
・問題は，ジョンジー，スウ，ベルマンに関すること，そして，そのほかに分類して板書し，ほかの子どもが登場人物のどこに問題意識を持っているかが一目でわかるよう構造的にすることがポイントである。
・子どもから出された疑問や驚きの中から，この時間の学習問題を選択し，設定する。主たる問題を1つ選択するとともに，ほかの問題は後半の解決の段階での補助発問として活用する。ここにあげられた問題は，

すべてが子どもの素直な疑問であり，すべてを解決することが，この時間のねらいを達成することにつながる。

(2) 問題解決に向けて動き，ねらいに迫ろう

①指導者は，問題解決を図る前に，登場する3人の「生きる喜び」がどこにあるかを吟味しておく必要がある。

②解決に当たっては，個々の考えをワークシートに書かせた後，4人を基本とする小集団で話し合いをさせる。その際に，友達の意見と自分の考えの違いを意識させるため，自分と異なる考えについても，記録をとる。あえて複数の道徳的価値に触れさせたい。

③さらに，小集団での話し合いを学級全体で共有できるように，ジグソー法を用い，ほかのグループに行き，自分たちのグループの考えと交わるようにする。この活動において他者理解を十分に進めたい。

・最終の話し合いでは，学級全体で，学習問題に対する話し合いを展開する。指導者はファシリテーターに徹し，3人の「生きる喜び」がどこにあるかを考えさせるとともに，自分なら弱っていくジョンジーにどのように生きる希望を与えるかについて考えさせる。

④三者三様の生き方をもとにして，「よりよく生きるにはどうしたらよいか」について，多面的・多角的な話し合いから主題に迫る。その際，自他のために夢や希望を持つことの大切さを深く考えさせたい。

(3) 事後指導へのつなげ方（アイデア）

・学級の中で，どんな「喜び」を実現していきたいかを話し合い，学級目標と自分自身の目標を立ててみよう。

・卒業に当たって，自分の生きてきた足跡を見つめ直し，何を「喜び」としてきたかを振り返り，文集を作成してみよう。

・気高い生き方をしている人（友達や偉人等）を，みんなに紹介しよう！

15 高学年（5年生）

教材
星野君の二るい打

内容項目 自律・自由と責任，規律の尊重

幸阪　創平

問題解決的な授業デザイン！

　本時では，「約束やきまりが誰のためにあるのか，何のためにあるのか」という問題意識を持たせた後，教材を活用する。登場人物「星野君」の戸惑いや悩みを引き出し「もし，自分がチャンスの場面でバッターボックスに立った星野君だったらどうするだろうか？」という学習問題をつくる。「規律の尊重」と「自律」の２項対立で考えることを通して，監督のサインを守ってバントをするだけでなく，自分の判断で打つならば，どんな行為が事前に必要であったのかなど，子どもの創造的思考を引き出す。

● 主題および教材

(1) **授業の主題：どう向き合う？　約束やきまり**

　高学年の子どもは，自分で考えて自主的に行動する傾向が強まるいっぽう，自分勝手なふるまいにつながってしまう場合もある。したがって，自由に考え行動することの意味やその大切さ，自由に伴う責任についても考えさせる必要がある。互いの権利を尊重し合い，自らの義務を進んで果たすことの大切さを，自律的で責任のある行動のよさと合わせて考える。

(2) **教材名：「星野君の二るい打」**

出典：作　吉田甲子太郎，『かがやけ みらい　5年』学校図書
あらすじ：チャンスの場面でバッターボックスに立った星野君は，監督のサインを守ってバントをするべきか悩んだあげく，自分の判断でヒットを

打つ。結果，チームは勝利するが，監督は星野君の判断が本当によかったのかどうかチームに問う。

● 定番教材をこう使う！

(1) 学習問題は何か？

本教材では，星野君がチャンスの場面でバッターボックスに立った場面から，監督のサインを守ってバントをするべきか，自分の判断で打つべきかの心の迷いを感じ取ることができる。どちらの行為もチームの勝利を考える星野君の判断から生まれたものであることを前提に，「もし，自分がチャンスの場面でバッターボックスに立った星野君だったらどうするだろうか？」という学習問題を導き出す。また，チームメイトや監督に対する「信頼」という言葉や自分自身への「後悔」という言葉などを，学習問題を深めるキーワードとする。

(2) 指導の工夫

①「監督のサインを守ってバントをする」と「自分で判断して打つ」の2項対立で考えさせ，スケール上にネームプレートを貼らせることで，子ども一人一人の立場を顕在化させる。仲間のネームプレートの配置に興味・関心を持たせながら，自発的な対話を生み出したい。

②第2次判断で使うネームプレートを別に用意し，話し合いを通じての思考の変容が可視化できるようにする。

(3) 評価のポイント

第1次判断の理由，第2次判断の理由をそれぞれワークシートに書かせたり，話し合うなかで，子どもの思考の変容を見取る。どちらの立場においても，多面的・多角的な見方をして判断しているかを評価する。

また，本時の学習の振り返りの場面では，「これからの自分の生活に役立つ考えを発見できたか」「自分の経験や体験を踏まえて考えられたか」「『自分なら～』で考えられたか」という「考える視点」を与え，自分事としてどのように捉えたかを評価することもできる。

● 本時の指導

(1) 本時のねらい

自分が星野君ならどうするかを考えることを通して，きまりを守ることのよさや自由な考えや行動の大切さ，自由に伴う自分の責任について考える。

(2) 本時の展開

主な学習活動	指導上の留意点・と評価☆
1. 約束やきまりについて考える。 ○「約束やきまりは□□ためにある」の□□にはどんな言葉が当てはまるか。 ・みんなの ・快適に過ごす	・約束やきまりが「誰のため」「何ため」にあるのかを考えさせるようにする。
テーマ：約束やきまりは誰のため？　何のためにあるのだろうか。	
2. 教材「星野君の二るい打」を読み，星野君の思いや悩みから，学習問題をつくる。 ○星野君はうつむきながらどんなことを思っていたのだろうか。 ・せっかく2塁打を打ったのに監督に叱られるなんて不満だなあ。 ・監督のサインに従わなくて申し訳なかったなあ。	・監督の話を聞きながらうつむく星野君の思いや悩みを考えさせることで，学習問題「もし，自分がチャンスの場面でバッターボックスに立った星野君だったらどうするのか」につなげていく。

学習問題　もし，自分がチャンスの場面でバッターボックスに立った星野君だったらどうするだろうか。	
監督のサインを守ってバントする ・監督の命令は絶対だから。 ・監督に叱られるから。 ・チームワークを崩すことになるから。 自分で判断して打つ ・監督のサインに納得いかないから。 ・ヒットを打てばチームが試合に勝つから。 ・チームが勝てば，チームメイトは喜んでくれるから。 ○星野君はどうするべきだったのだろうか。 ・自分で判断して打つならば，バッターボックスに入る前に，監督に自分の考えをしっかり伝えるべきだった。 ・チームメイトや監督との信頼関係をつくるためにはチームの規則を守るべきだ。	・「監督のサインを守ってバントする」「自分で判断して打つ」の2項対立軸をスケールで表し，ネームプレートを貼らせる。また，第1次判断の理由，第2次判断の理由をそれぞれワークシートに書かせる。 ☆ネームプレートを貼った位置の判断理由を考えることができたか。また，話し合うなかで，多面的・多角的に考えることができたか。
話し合いのキーワード	
チームメイト　監督　信頼　後悔	
3．本時の学習を振り返り，学んだことを共有する。	☆学習を振り返って，「考える視点」に照らして，自分の考えを持つことができたか。

● **授業の取り扱い説明書**—問題解決的な授業のポイント— ●

板書計画

```
約束やきまりは□□ためにある          もし，自分がチャンスの場面でバッターボック
・みんなの                            スに立った星野君だったらどうするだろうか？
・社会の
・快適に過ごす                        星野君はどうするべきだったのだろうか？
・正しい生活
                                     ・バッターボックスに入る前にかんとくに自分の
                                       考えをしっかり伝えるべき。
 約束やきまりは，だれのため？         ・チームメイトやかんとくとの信頼関係をつくる
 何のためにあるのだろうか？            ためにはチームの規則を守るべき。

                          なやむ
 かんとくの     □    □    □      □    □    自分で判断して
 サインを守って ←――――――――――――――→           打つ
 バントする
```

(1) 学習問題を設定しよう

　教材を読み，「星野君はうつむきながらどんなことを思っていたのだろうか」とたずねることで，「自分の判断でヒットを打って勝利に導いたことはよくなかったのか」「監督のサインを守ってバントをすべきだったのか」などから，「もし，自分がチャンスの場面でバッターボックスに立った星野君だったらどうするだろうか？」という中心発問へつなげる。

(2) 問題解決に向けて動き，ねらいに迫ろう

　「もし，自分が星野君だったらどうするだろうか？」とたずね，「監督のサインを守ってバントする」と「自分で判断して打つ」の2項対立のスケール軸にネームプレートを貼らせる。

　特に，真ん中の「なやむ」に貼った子どもの理由（例えば，打てる自信があって打ちたい気持ちがあるのにサインに従ってバントせざるを得ない

葛藤）を引き出すことで、いろいろな解決策を考え、その結果どうなるか検討するのもよい。それにより「自分の判断で打ちたいが、監督にも相談してみる」という監督のサインを理解したうえで責任をもって打とうとする考えも生まれてくるはずである。

　いっぽう、「監督のサインを守ってバントする」という立場の子どもには、「もし、それで負けてしまっても自分は満足か？」「もし、それで負けてしまったとき、監督やチームメイトはどんな気持ちになるだろうか？」とたずね、きまりや約束を守る理由について考えをさらに深めさせたい。

　また、「自分で判断して打つ」という立場の子どもにも、「もし、それで負けてしまっても自分は満足か？」「勝ったとき、チームメイトはどんなことを思っていただろうか？」とたずね、自分で判断して行動するうえでの責任について考えを深めさせたい。そして、「自分で判断して打つ」ためには、監督にどんな相談をすべきだったのかを具体的に考えさせ、子どもの創造的思考を引き出す。バッターボックスに入る前に、監督と星野君とのやり取りをロールプレイで検証させることも可能である。教師が監督役、子どもが星野君役となり、監督の指示に対して、どのような言葉を伝える必要があるかを考えるきっかけとしたい。

(3) 事後指導へのつなげ方（アイデア）

　子どもたちの身の回りには、たくさんのきまりや約束が存在する。例えば、学校生活の中では学級のきまりや学校全体のきまりがあるはずである。また、家庭生活の中でも各家庭のきまりや約束が存在するだろう。それらを「先生が決めたから」「親が決めたから」守るという他律的な捉えではなく、本時の学習を関連させて守ることによって、自分にも相手にもどんなよさがあるのかを日ごろから考えさせることが大切である。また、日常生活の中できまりや約束は、人から与えられるばかりではなく、自分からつくっていくことにより、責任を持って守っていこうとする主体的なかかわりを生んでいくことができるだろう。

ワークシート☛P172

資　　料
ワークシート

- ぐみの木と小鳥　158
- 二わの小とり　159
- ろばを売りに行く親子　160
- きんいろのクレヨン　161
- ないた赤おに　162
- まどガラスと魚　163
- フィンガーボール　164
- 心の信号機　165
- 金色の魚　166
- ブラッドレーのせいきゅう書　167
- すれちがい　168
- ロレンゾの友だち　169
- うばわれた自由　170
- 手品師　171
- 星野君の二るい打　172

ぐみの木と小鳥　　なまえ

①じぶんが　小鳥だったら，あらしの　なか，どうしますか。

いく	いかない
【りゆう】	

②じぶんが，ぐみの　実を　もらった　りす　だったら，どんな　きもちが　しますか。

○じぶんの　かんがえの　よかったところ，
　じぶんの　かんがえが　かわったところ，
　ともだちの　かんがえで　いいなと　おもった　ところを　かきましょう。

二わの小とり　　　　　なまえ

①もし，じぶんが　みそさざい　だったら　どちらに　いきますか？　じぶんが　えらんだ　ほうに　○をつけましょう。

　　1．うぐいすのいえ　　　　2．やまがらのいえ

②①で　えらんだ　りゆうを　かきましょう。

| |
| |
| |
| |

③よい　ともだち　とは　どのような　ともだち　だと　おもいますか？

| |
| |
| |
| |
| |
| |
| |

ろばを売りに行く親子　　なまえ ☐

○じぶんがろばを売りに行く親子だったら，どうしますか。

言うとおりにする	言うとおりにしない	なやむ・ほかの方法 （　　　　　）
【りゆう】		

○「すなお」について，「たいせつだな」と思ったことや「あたらしく気づいたこと」は何ですか。きょう考えたことは，じぶんの生活に，どういかせそうですか。

きんいろのクレヨン　　　なまえ

○じぶんがのぼるだったら，どうしますか。

言う	言わない	まよう・ほかの方法 （　　　　　　）
【りゆう】		

○「正直」について，「たいせつだな」と思ったことや「あたらしく気づいたこと」は何ですか。きょう考えたことは，じぶんの生活に，どういかせそうですか。

ないた赤おに

年 組（　　　）

○（　　　）になって、その夜の日記を書こう！

学習問題

○赤おに、青おには、それぞれどうすればよかったと思いますか？

赤おに

青おに

○今日、学んだことをふり返ってみましょう。よき友だちと「できること」も入れながら、まとめてみましょう。

友だちの日記から気づいたこと（メモ）

まどガラスと魚　　　年　組（　　　　　　）

学習問題

① 自分だったらどうしますか？

　　　あやまる　　　　　まよう　　　　　あやまらない
　　　　　　　　　　　　　　　　　　　※〇をつけましょう。

それはどうしてですか？

② 話し合いをした後，自分ならどうしますか？

　　　あやまる　　　　　まよう　　　　　あやまらない
　　　　　　　　　　　　　　　　　　　※〇をつけましょう。

それはどうしてですか？

〇今日，学んだことで，わかったことや気づいたことをまとめてみましょう。そのとき，①と②で変わった人は，その理由も書いてみましょう。

_____
_____
_____
_____
_____

フィンガーボール　　年　　組（　　　　　　　）

◇もし自分が女王だったら，どうしますか。どちらかに○をつけましょう。
（　　）だまってフィンガーボールの水を飲む
（　　）お客様に正しい礼儀作法を教える

理由

◇フィンガーボールの水を飲むこと以外によい方法があったら書きましょう。

※今日の授業のふり返り
①友達や先生の話をよく聞くことができた。（○　△　×）
②自分の考えをしっかりもつことができた。（○　△　×）
③学んだことをもとに，これからどうしようか考えることができた。（○　△　×）

心の信号機　　　　年　組（　　　　　　　）

学習問題

上手にいかなかったとき

自分で考えた方法・みんなで考えたよい方法

○今日，学んだことで，わかったことや気づいたことをまとめてみましょう。

___

___

___

___

___

金色の魚　　　　年　　組（　　　　　　）

> 学習問題　なぜ、おばあさんは、自分の願いばかりを伝えるのか。
> 　　　　　おじいさんは、どうすればよかったのか。

〇おじいさんは、どうしたらよかっただろう。

_____

_____

_____

_____

〇あなたは「よく考えて行動する」とは、どういうことだと思いますか。

_____

_____

_____

_____

☆今日の道徳の授業を振り返りましょう。自分ががんばった番号2つに〇をつけましょう。
1　自分の考えをもち、進んで伝えることができた。
2　友だちの考えを聞いて、『そういう考えがあるんだ』『なるほどな』など、考えることができた。
3　友だちの考えを聞いて、新たな考えをもつことができた。
4　今日の学習問題について自分の答えを考えることができた。
5　今日の学習で、「自分はどうかな」と、自分を振り返ることができた。

ブラッドレーのせいきゅう書

　　　　　　　　　　　　　年　　組（　　　　　　　）

学習問題　　どちらの「せいきゅう書」がよりよいか。	
ブラッドレー お母さん	その理由

〇あなたは自分の「家族」に対して，どのように考えて行動しますか。

_____

_____

_____

_____

〇家族に対して，一番大切にしたいもの。

☆今日の道徳の授業を振り返りましょう。自分ががんばった番号2つに〇をつけましょう。
1　自分の考えをもち，進んで伝えることができた。
2　友だちの考えを聞いて，『そういう考えがあるんだ』『なるほどな』など，考えることができた。
3　友だちの考えを聞いて，新たな考えをもつことができた。
4　今日の学習問題について自分の答えを考えることができた。
5　今日の学習で，「自分はどうかな」と，自分を振り返ることができた。

すれちがい　　　　　年　　組（　　　　　　　）

◇許すためにはどうしたらよいでしょうか？（宿題）

◇2人がすれちがった問題点を考えよう！

| よし子 | えり子 |

◇2人はそれぞれどうするべきだったのでしょうか？

| よし子 | えり子 |

◇今日の学習で（1）わかったこと・見つけたこと（2）友達の話を聞いてわかったこと（3）これからやりたいことを書きましょう。（宿題）

◇今日の授業で…
　①わかったこと・新しく見つけたことができた。（　○　△　×　）
　②友達の意見を聞いたり，自分で考えて，いいな〜・すごいな〜と思った。（　○　△　×　）
　③学んだことをもとに，これからのことを考えることができた。
　　（　○　△　×　）

ロレンゾの友だち　　　年　　組（　　　　　　　）

○ネームプレートを貼る場所に点をつけて，その理由を書きましょう。

アンドレ，サバイユ，ニコライの中で，ロレンゾとの友情を感じるのはだれか？

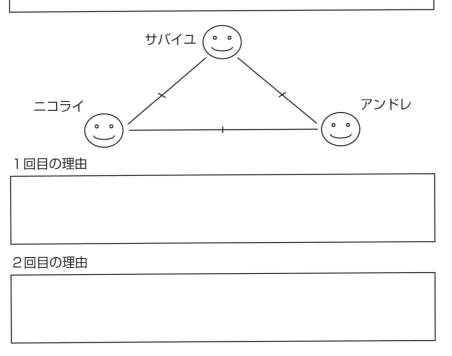

１回目の理由

２回目の理由

○今日の学習を通して，考えたことを書きましょう。
視点：「これからの自分の生活に役立つ考えを発見できたか」「自分の経験や体験をふまえて考えられたか」「『自分なら〜』で考えられたか」など

うばわれた自由　　　年　組（　　　　　　）

◇「自由」とは何でしょう？（宿題）

◇ジェラール王子とガリューの自由について考えましょう！
　★ジェラール王子の自由　　　　★ガリューの自由

◇ジェラール王子はどうするべきだったのでしょうか。

◇今日の学習で（1）わかったこと・見つけたこと（2）友達の話を聞いてわかったこと（3）これからの生活にどう生かせるでしょう。（宿題）

◇今日の授業で…
　①わかったこと・新しく見つけたことができた。（　○　△　×　）
　②友達の意見を聞いたり，自分で考えて，いいな～・すごいな～と思った。（　○　△　×　）
　③学んだことをもとに，これからのことを考えることができた。
　　（　○　△　×　）

手品師　　　　　　　　年　組（　　　　　）

○学習問題

自分だったらどうしますか。

○その理由

○心のつぶやき※1

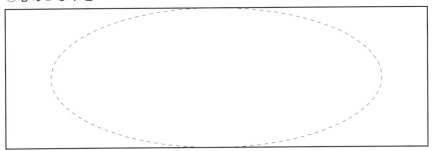

今回の授業を終えて	とても ← ふつう ← ぜんぜん				
①共感や感動することがあったか	5	4	3	2	1
②深く考えることができたか	5	4	3	2	1
③自分のこれからの考え方に影響はあったか	5	4	3	2	1
④教えたことを大切にしていこうと思えたか	5	4	3	2	1
⑤教材は心に響いたか	5	4	3	2	1
今日の授業で（　　　　　）について考えたことを書きましょう					

★お家の人からのメッセージ

※1：円の内側には中心発問に対する記述を，円の外側には友達の考えをメモさせる。

星野君の二るい打　　年　　組（　　　　　　）

○ネームプレートを貼る場所に点をつけて，その理由を書きましょう。

| もし，自分がチャンスの場面でバッターボックスに立った星野君だったらどうするだろうか？ |

　　　　　　　　　　　　なやむ
かんとくのサイン　　　　　　　　　　　　　　　　自分で判断
を守ってバントする　◄—┼—┼—┼—┼—┼—►　して打つ

１回目の理由

２回目の理由

○今日の学習を通して，考えたことを書きましょう。
視点：「これからの自分の生活に役立つ考えを発見できたか」「自分の経験や体験をふまえて考えられたか」「『自分なら～』で考えられたか」など

子どもが考え，議論する 問題解決型の道徳授業事例集
―問題解決的な学習と体験的な学習を活用した道徳科の指導方法

柳沼良太 編著　岐阜大学大学院准教授

小学校編 B5判／並製／176頁　定価 本体2,600円+税
中学校編 B5判／並製／148頁　定価 本体2,400円+税

従来の「道徳の時間」の画一的・形骸化した授業から脱却する指導方法
問題解決型の教材指導案・ワークシートと指導の実際

・教材は，問題解決型の授業が可能な定番教材，文部科学省『読み物資料』『私たちの道徳』，自作教材（資料付）からなる。
・各事例は，主題・ねらいの設定→教材の概要・分析→学習指導展開案→評価のポイント→ワークシート→指導の実際。
・指導の実際は，アクティブ・ラーニングのやりとりがわかる発問と発言。

おもな目次
第1章　道徳科における問題解決的な学習のあり方
第2章　問題解決型の道徳授業のつくり方
第3章　問題解決型の道徳授業の実践例

決定版！アクティブ・ラーニング型の道徳指導映像

子どもが考え，議論する 問題解決的な学習で創る 道徳授業

小学校
DVD2枚組
PDF 特典指導案付

監修：柳沼良太　岐阜大学大学院教育学研究科准教授　日本道徳教育学会理事
　　　元中央教育審議会道徳教育専門部会委員

DVD2枚組
定価 本体20,000円+税

■道徳の「問題解決的な学習」推進の第一人者による監修！
教科化に伴い，道徳的諸価値について多面的・多角的に学ぶ「問題解決的な学習」のモデル授業

■現役カリスマ先生による3本の授業（低・中・高学年）と振り返りインタビュー！
映像だから伝わる，子どもたちの真剣な考え，議論の様子！先生はどのように授業の流れをつくったのか？

幸阪創平　杉並区立浜田山小学校教諭
星　直樹　早稲田実業学校初等科教諭
山田　誠　筑波大学附属小学校教諭

❶「かぼちゃのつる」（1年生）

❷「3つの声」（3年生）

❸「いじめについて考える」（5年生）

※右記からPR映像ご覧いただけます。

企画制作：毎日映画社
販売：図書文化社

図書文化

編者・執筆者一覧

編者

柳沼　良太　岐阜大学大学院教育学研究科准教授，学習指導要領解説特別の教科道徳編作成協力者，日本道徳教育学会理事。
『子どもが考え，議論する問題解決型の道徳授業事例集(小)(中)』
『問題解決的な学習で創る道徳授業 超入門』明治図書，ほか。

山田　誠　筑波大学附属小学校教諭，道徳教育研究会会長。
『DVD 問題解決的な学習で創る道徳授業　小学校版』ほか。

星　直樹　早稲田大学系属早稲田実業学校・初等部教諭，関東教育学会。
『DVD 問題解決的な学習で創る道徳授業　小学校版』ほか。

執筆者（執筆順，2017年6月末現在）

柳沼　良太	編者	P8-17, 28
星　直樹	編者	P18-27 P30-34, P70-85, P94-101
丸岡　慎弥	（大阪市立香簑小学校教諭）	P35-39
木村　隆史	（豊島区立豊成小学校主幹教諭）	P40-44
古見　豪基	（和光市立第五小学校教諭）	P45-49, P114-121, P130-137
近藤　健	（早稲田大学系属早稲田実業学校・初等部教諭）	P50-57
杉本　遼	（東京学芸大学附属大泉小学校教諭）	P58-69
山田　誠	編者	P86-93
幸阪　芽吹	（中野区立塔山小学校指導教諭）	P102-113
幸阪　創平	（杉並区立浜田山小学校主任教諭）	P122-129, 150-155
山田　貞二	（一宮市立浅井中学校長）	P138-149

定番教材でできる
問題解決的な道徳授業　小学校
2017年9月10日　初版第1刷発行　［検印省略］

編著者	Ⓒ柳沼良太・山田　誠・星　直樹	
発行者	福富　泉	
発行所	株式会社　図書文化社	
	〒112-0012　東京都文京区大塚1-4-15	
	Tel. 03-3943-2511　Fax. 03-3943-2519	
	振替　00160-7-67697	
	http://www.toshobunka.co.jp/	
組　版	株式会社 Sun Fuerza	
イラスト	舟田有里	
装　幀	中濱健二	
印刷所	株式会社 加藤文明社印刷所	
製本所	株式会社 村上製本所	

乱丁・落丁本はお取り替えいたします。
定価はカバーに表示してあります。
ISBN 978-4-8100-7693-6　C3037

話題の教育テーマを押さえる！

道徳教育はこう変わる！　改革のキーパーソン，ここに集結！

「考え，議論する道徳」を実現する！
主体的・対話的で深い学びの視点から

「考え，議論する道徳」を実現する会 [著]　　A5判192頁●本体2,000円+税

文部科学省職員，中央教育審議会委員，道徳教育の研究者，先駆的に取り組んできた現職教員ら16人が，新しい道徳教育にかかわる教育現場の疑問に応えると共に，新しい道徳教育や，道徳科における授業の実現のポイントを解説する。

中教審のキーパーソンが語る，授業と学校の不易とは。

シリーズ 教育の羅針盤⑤
新しい教育課程における
アクティブな学びと教師力・学校力

無藤 隆 [著]　　四六判272頁●本体1,800円+税

教育界の各分野トップランナーが，最新の事情や話題の教育テーマを踏まえて持論を語るシリーズ「教育の羅針盤」。今作は，中教審委員として教育課程改訂に関わってきた著者が，前回改訂と今回改訂のつながりや，これからの教育の有り様について解説する。

「主体的・対話的で深い学び」を実現する，たしかな授業設計論。

授業からの学校改革
「教えて考えさせる授業」による主体的・対話的で深い習得

市川 伸一 [編著]　　A5判184頁●本体2,200円+税

好評「教えて考えさせる授業」シリーズ学校事例編。学校ぐるみで取り組み，学力向上を実現している小中学校の実践を紹介する。授業が変わることで子どもが変わり，さらに教員集団が成長し，学校全体がよくなっていく道筋を描く6編のレポート。

本当のアクティブ・ラーニング，できていますか？

アクティブ・ラーニングのゼロ段階
学級集団に応じた学びの深め方

河村 茂雄 [著]　　A5判72頁●本体1,200円+税

実態に合わないグループ学習によって起こる，授業不成立や子どもたちの学力低下について警鐘を鳴らすと共に，これからの教育実践の最低ライン「学び合いのある集団」をどう確保するか提案する。学級集団だからできる深い学びをめざして。

図書文化